LA MOBILE
DE PROVINS

IMPRESSIONS ET SOUVENIRS

PAR

ERNEST PRIEUR

Ex-Lieutenant au 4e Bataillon de Seine-et-Marne

AVEC LA COLLABORATION

DE M. DODILLON, PÈRE

LA FERTÉ-GAUCHER

CHEZ A. LEBLANC, LIBRAIRE

ET CHEZ TOUS LES LIBRAIRES DE SEINE-ET-MARNE

1872

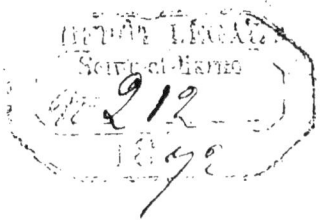

LA MOBILE
DE PROVINS

IMPRESSIONS ET SOUVENIRS

COULOMMIERS. — Typog. A. MOUSSIN

LA MOBILE DE PROVINS

IMPRESSIONS ET SOUVENIRS

PAR

ERNEST PRIEUR

Ex-Lieutenant au 4e Bataillon de Seine-et-Marne

AVEC LA COLLABORATION

DE M. DODILLON, PÈRE

LA FERTÉ-GAUCHER

CHEZ A. LEBLANC, LIBRAIRE

ET CHEZ TOUS LES LIBRAIRES DE SEINE-ET-MARNE

—

1872

PRÉFACE

L'ouvrage que nous livrons à la publicité ne prétend à aucune réputation littéraire, politique ou autre. C'est simplement une sorte de procès-verbal des faits et gestes du bataillon de Provins depuis sa formation jusqu'à son licenciement ; un mémorial où tous ceux qui ont fait la campagne avec nous trouveront, fidèlement tracé, le rôle qu'ils ont joué dans les différents actes de ce terrible drame.

Si quelques digressions se trouvent parfois intercalées dans le récit, c'est que, en nous remémorant les situations et les faits exposés, il nous revint souvent à l'esprit les mêmes pensées que lors des évènements. Ces ressouvenirs tout naturels, il nous a paru tout naturel aussi de les soumettre aux bénévoles appréciations du lecteur.

Placé entre l'officier supérieur qui n'embrasse que l'ensemble et le soldat qui ne sort pas de son escouade, il nous a été donné, dans cette position intermédiaire qui nous permettait d'approcher les uns tout en vivant continuellement avec les autres, d'être à même de mieux voir, de mieux entendre ce qui se disait en haut et en bas, et de pouvoir ainsi contrôler les diverses appréciations.

Il eût été facile de se concilier la sympathie d'un grand nombre en faisant du quatrième bataillon de Seine-et-Marne un bataillon de héros. Bien loin de nous la pensée de contester la bonne réputation qu'il s'est acquise, et qu'il peut revendiquer justement! mais loin de nous aussi l'intention de chanter la vaillance, l'héroïsme, là où il n'y a eu que le devoir accompli!

Ajoutons que nous n'avons exagéré en rien les situations dans lesquelles nous nous sommes trouvés, et que notre but principal a été de ne jamais nous écarter de la plus stricte vérité.

Que le jugement des gardes-mobiles, à qui ce livre est particulièrement destiné, se traduise par un « C'était bien cela ! »

Nous n'en demandons pas davantage.

Ernest Prieur.

La Ferté-Gaucher, juin 1872.

LA MOBILE
DE PROVINS

IMPRESSIONS ET SOUVENIRS

PREMIÈRE PARTIE.

L'ORGANISATION

I. — CONVOCATION DES CADRES

La lutte gigantesque entre la France et l'Allemagne était sur le point de commencer. Il n'y avait encore rien qui pût faire présager nos terribles malheurs, et la mise en activité de la garde nationale mobile avait été acceptée partout comme une nécessité à laquelle on s'attendait. Il est vrai que le rôle qu'on lui supposait devait être très-pacifique; on comptait bien sur l'armée active pour faire la besogne principale, ne voyant dans la garde mobile qu'une réserve imposante, qui devait apprendre son métier à l'abri de tout danger. Et puis, cette milice n'avait jamais existé que sur les contrôles de nos préfectures. Il y avait tout à faire. Les capitaines seuls avaient été nommés, et comme ils n'avaient jamais reçu d'ordre, l'organisation de leurs compagnies n'avait pas même été tentée.

Ce qui fait qu'à la veille de s'en servir, on n'avait de la garde mobile que l'institution légale, et qu'il fallait créer les cadres, les instruire, convoquer les hommes, les habiller, les équiper, les armer, faire en un mot de tous ces jeunes novices, des soldats pouvant servir au plus tôt.

La tâche était immense et ne pouvait être l'œuvre d'un jour. Grâce à l'énergie de notre commandant, tout fut mené de front avec une telle activité que nous n'étions plus, au bout de quelque temps, un bataillon de conscrits.

Les capitaines de compagnie avaient proposé leurs candidats officiers vers la fin de juillet, et, sur leur simple recommandation, les brevets de lieutenants et de sous-lieutenants avaient été expédiés. Cette désignation toute de faveur des officiers n'a rien que de très-irrégulier, cependant il fallait vite en trouver, ou plutôt en créer, et si cela n'excuse pas l'étrangeté de leur nomination, on peut être assuré qu'ils étaient animés des meilleurs sentiments et qu'ils apportaient, à défaut d'expérience, la plus grande bonne volonté.

La suite des événements montra qu'ils méritaient, généralement, la confiance qui leur fut accordée.

Sous-officiers et caporaux furent choisis par les capitaines parmi ceux de leurs hommes qui paraissaient le plus aptes à ces emplois; et certes il n'y avait que l'embarras du choix, la mobile contenant des éléments sérieux et nombreux dans chaque compagnie.

Les cadres furent convoqués à Provins le 1er août.

Dès le lendemain commencèrent les classes d'instruction. On désigna trois emplacements dans la caserne pour le travail séparé des officiers, sous-officiers et caporaux.

Il est inutile de dire que chacun de nous s'appliqua de son mieux à apprendre le métier de soldat, que nous enseignaient avec zèle des instructeurs habiles. L'émulation seule ne stimulait pas les progrès réels de chaque jour; on sentait l'absolue nécessité de connaître au plus tôt les premières leçons de l'école de soldat et de peloton, afin de pouvoir instruire à son tour les recrues qui devaient arriver incessamment. Aussi les classes furent-elles menées à la vapeur, si je puis m'exprimer ainsi; et si l'on ne s'appesantissait pas trop sur les premiers principes, l'intelligence, le bon vouloir et la pratique surtout devaient faire le reste. Il fallait bien que tout marchât de ce pas, les événements se précipitant de manière à faire comprendre que besoin serait d'utiliser bientôt tous ces jeunes gens arrachés d'hier à leurs foyers.

C'était aussi le plus sûr remède contre la nostalgie.

Chacun était bien convaincu, à cette époque, que nous n'étions réunis que pour un mois environ. On pensait et on disait que notre brave armée aurait, d'ici là, le temps d'avoir raison des Prussiens. Les Français ! pensez donc. Qui aurait osé concevoir et formuler des doutes sur l'issue de la guerre ! Il eût été fort mal reçu celui qui se fût montré plus ou moins pessimiste.

Hélas ! qui pouvait prévoir en effet le sort qui nous attendait ! Tout le monde ignorait que la prétendue formidable armée dont nous disposions n'égalait pas en nombre le quart de l'armée allemande.

C'est dans ces dispositions morales que commença cette vie de soldat que nous devions mener sept longs mois, avec des péripéties à la fois si émouvantes et si accidentées. Car c'était bien le commencement du métier de soldat : la caserne avec ses grandes cours, les chambrées où se faisait l'appel du soir, le quartier consigné, la popote à l'ordinaire, les corvées, les exercices. Tout cela contrastait singulièrement avec les habitudes et la précédente vie de tous. Au bout d'une quinzaine de jours, les recrues reçurent leurs feuilles de route et durent joindre le bataillon. Quelle vie! quelle animation alors dans la ville de Provins, ordinairement si tranquille! Et comme la population aurait bien voulu nous garder longtemps!

A la retraite sonnée chaque soir dans les rues principales, nos huit tambours et clairons étaient suivis par une foule sympathique chantant la *Marseillaise*. Cet hymne national semblait encourager la confiance dans nos armes, et l'on s'endormait, tranquille et plein d'espoir, éloignés que nous étions du théâtre où se jouaient les destinées de la France.

II. — LES PERMISSIONS.

Afin de rendre la séparation moins brusque et d'atténuer les rigueurs de la vie de caserne, le commandant prit sur lui d'accorder chaque dimanche des permissions de vingt-quatre heures. Je vous laisse à penser avec quelle joie on en profitait, et comme on était heureux de revoir le cher pays où chacun avait laissé tant d'affections !

J'étais en permission le jour de ce dimanche néfaste où parvint dans nos pays l'appel au peuple de l'ex-impératrice, en même temps qu'elle annonçait la fatale journée de Wissembourg. Pour qui se rappelle le texte de ce document, c'était vraiment un cri d'alarme. Je vois encore la population se pressant sous le porche de l'Hôtel-de-Ville pour prendre connaissance de cette dépêche, en commenter la triste signification, et s'en aller la tête baissée, l'œil morne, l'âme inquiète et le cœur saignant.

Dès lors, sans m'abandonner à un vain désespoir, je compris que la mobile n'était plus un jeu, et j'entrevis un horizon tout autre que celui des jours précédents. Il fallait se rendre à l'évidence. Nos soldats, nos braves soldats avaient été battus, et c'était la troisième fois ! Quel serrement de cœur à cette pensée accablante qui vous pesait, vous étouffait ! Il est de ces circonstances qui ne s'oublient jamais. Je me souviens qu'aussitôt l'arrivée de cette dépêche, il a plu toute la soirée. Vilaine soirée, celle-là, car ce fut celle des adieux ! Venu si heureux en permission, qu'il fut pénible de s'en retourner avec les appréhensions trop justifiées du moment ! Quels pleurs dans la famille ! Comme elle était éloquente cette poignée de main donnée à l'ami, au voisin tout ému ! Mon plus douloureux instant fut celui où je dus faire quitter mes genoux au bébé de deux ans qui était si content, lui, de voir son père en soldat !

Qui de vous, mes camarades, n'a pas faibli plus ou moins en faisant ce suprême adieu à ce qu'il avait de plus cher, cet adieu qui pouvait être le dernier, qui le fut, hélas! pour trop d'amis que nous regrettons. Car maintenant, l'avenir, c'était pour nous l'inconnu.

Arrivés en haut de la côte qui devait nous cacher ces demeures à l'ombre desquelles nous étions nés, où nous avions grandi, où nous avions aimé, nous fûmes saisis d'une nouvelle et très-concevable émotion, et des larmes qu'on s'efforçait en vain de retenir mouillèrent les paupières des moins sensibles.

Un coup de fouet à l'attelage, un dernier regard et un dernier soupir, et chacun, s'armant de courage, essaya de faire bonne contenance en s'efforçant de penser moins au pays natal et plus à la grande patrie menacée.

III. — LA COMPOSITION DE LA MOBILE.

Je crois être dans le vrai en présentant la mobile dans ces conditions d'esprit : il lui en a coûté beaucoup de quitter son pays et sa famille, et ce furent de tristes guerriers tout d'abord, à peu d'exceptions près, que ces grands enfants accourus en toute hâte, à l'appel de la loi, pour se mettre à la disposition de l'autorité militaire.

Il est facile de démontrer que la majorité de la garde nationale mobile était composée de jeunes gens dont la position sociale, la diversité d'instruction et d'éducation faisaient des hommes tout différents des recrues de nos régiments de l'armée permanente. Cela se comprend, puisqu'il résultait du détestable système de remplacement que tous les parents qui avaient quelque peu de fortune ou d'aisance se seraient fait scrupule de ne pas acheter un homme à leur fils. Oui, on disait en ce temps-là : « acheter un homme, » comme on eût dit acheter un cheval ou un mouton. N'est-il pas honteux de penser que nous en étions là ! Pour quelque argent, nous envoyions tel homme servir le pays à notre place. Quoi de plus naturel cependant que chacun paye sa dette à la patrie ?

Heureusement que le principe du service obligatoire est venu mettre fin à cette véritable et scandaleuse immoralité.

Toutes les classes de la société étaient représentées et confondues dans la garde mobile. Le fils du fermier était, à la chambrée, le voisin du fils de son propriétaire; la gamelle de l'un était la gamelle de l'autre. Ce qu'on est convenu d'appeler les différentes catégories de l'échelle sociale, n'en faisaient plus qu'une, dont les divers membres fraternisaient sous la même appellation, le même titre de « Moblots ».

Il n'était pas rare de voir un étudiant en médecine, ou un docteur en droit portant les modestes galons de caporal. On se façonna vite au métier. La plus franche gaîté régnait parmi tous ces jeunes gens et était exempte de la moindre étiquette. Tel qui, dans la vie civile, n'était interpellé que par un cérémonieux « Monsieur », répondait sans humeur ni mièvrerie au moblot inconnu qui l'appelait Chose ou Machin.

Il y avait généralement, sous l'uniforme, une familiarité joviale, d'où naquit bientôt la bonne et franche camaraderie.

On riait bien à Provins..... Que de bonnes parties le soir à la chambrée! Que de trucs, de ficelles pour forcer la consigne! Et comme le plus souvent on s'en donnait à cœur-joie! La discipline d'alors semblait vouloir montrer les grosses dents, mais en réalité fermait assez les yeux sur d'innocentes escapades. Il ne fallait pas non plus effaroucher par une rigueur excessive, cette ardente jeunesse qui mettait tant de bonne volonté aux exercices et faisait des progrès si satisfaisants; car les instructeurs n'avaient pas à s'évertuer beaucoup pour leur faire distinguer la droite et la gauche. Il y avait bien quelques braves garçons à l'intelligence moins ouverte; mais ceux-là avaient des classes supplémentaires et apprenaient à force de répétitions. Quoi de plus simple, en effet, que la théorie de l'école de soldat et de peloton, lorsqu'elle est convenablement expliquée et qu'on s'y applique de son mieux? Et puis nous avons tous, même plus qu'on le pense, un goût prononcé pour les exercices militaires, pour l'uniforme, et le roulement du tambour, accompagné du clairon, forme une musique très-agréable pour des oreilles françaises. Oublierons-nous jamais cette fameuse marche du bataillon, qui eût donné de l'entrain et de la bonne humeur au moins guerrier d'entre nous? Et ce refrain si gai que nous avons entendu dans des occasions si différentes, pour l'appel à la distribution aussi bien que pour le ralliement du bataillon sur le champ de bataille; ne vous est-il jamais arrivé, depuis votre retour, de vous réveiller en sursaut, croyant entendre cette sonnerie connue, et de trouver près de vous, au lieu de votre fidèle flingot et du harnais militaire, les vêtements pacifiques de l'ouvrier ou du bourgeois?

Oui, presque à notre insu, nous prenions goût à tout cela; la marche du bataillon nous animait, nous réconfortait; une manœuvre bien réussie nous rendait heureux, presque fiers; enfin, par une insensible métamorphose, peu à peu nous nous militarisions.

IV. — LES DERNIERS JOURS A PROVINS.

Cette métamorphose de civil en soldat n'était pas favorisée, toutefois, par le costume. De l'uniforme réglementaire pour la mobile, nous n'avions que le képi; la tunique était très-désavantageusement remplacée par une blouse bleue ornée d'une croix rouge qui, sur l'épaule, n'avait rien de martial. On eût dit une procession de pèlerins, plutôt qu'un régiment de soldats. Les cadres, sous-officiers et caporaux, se distinguaient au nombre de galons rouges cousus sur la manche de la blouse. Cela était presque grotesque; mais ne fallait-il pas se contenter de ce dont on pouvait disposer? Il faut tenir compte du désarroi général existant dans les intendances et les préfectures à ce moment critique. Si, de même, le bataillon ne reçut pas aussitôt qu'il l'aurait voulu ses fusils à tabatière, ce n'est pas faute d'avoir écrit, télégraphié, réclamé sur tous les tons ce qui faisait tant défaut au bon vouloir de s'instruire efficacement.

Chaque samedi, jour de marché, était alors une vraie fête à Provins. Les parents accouraient voir leurs enfants, et l'on rencontrait partout des moblots entourés de chacun leurs familles.

Sur la route de Nangis, j'assistai un soir à une scène qui m'émut; un de nos hommes avait reconduit ses visiteurs et venait de leur faire ses adieux; le père était déjà en voiture, lorsque la petite sœur courut mettre dans la main du moblot quelque monnaie que sa mère lui faisait passer en cachette. Innocente supercherie qui avait pris la blonde enfant pour complice !

On vivait bien dans cette garnison-là, dites, les amis? Et je connais plus d'un établissement qui a dû regretter l'excellente clientèle des moblots? Les officiers prenaient pension à l'hôtel de la Boule d'Or, et nous nous sommes rappelés souvent, aux mauvais jours, le ton maussade d'un bon vieux brave capitaine qui, avançant sa formidable moustache par une moue significative, murmurait chaque jour en sortant de table : « heu !... heu !... toujours du poulet ici !.... » O bienheureuse Boule d'Or ! que de fois, par la suite, t'avons-nous regrettée en vain !

Cependant les semaines s'écoulaient dans la même uniformité ; l'emploi du temps ne variait pas. Voici quel était le tableau de travail :

Réveil.	. . . .	4 h. 1/2	Appel .	. . . .	11 h. 1/2
Appel du matin		5 1/4	Théorie .	. . .	1 à 3
Classe du matin		7 à 9	Soupe du soir .		5
Rapport.	. . .	9	Retraite .	. . .	8
Soupe.	. . . .	9 1/2	Appel dans les		
Déjeuner des			chambres	. .	9
officiers	. . .	10	Extinction des		
			feux.	. . . .	10

On voit que tous les moments étaient comptés et que l'oisiveté ne favorisait pas, chez nous, l'abandon aux habitudes pernicieuses.

C'était chaque matin une procession de lecteurs aux journaux. Nous nous les arrachions, avides de nouvelles, espérant toujours en avoir de meilleures. Mais, hélas! les bonnes nouvelles attendues.... n'arrivaient pas plus le lendemain que la veille, et l'on s'en retournait, chaque jour plus anxieux, en envoyant le maudit journal à tous les diables.

A cette époque commença, dans les environs de Paris, l'émigration des habitants. Quelques feuilles mal renseignées avaient jeté une panique qui allait chaque jour croissant ; leurs exagérations produisirent l'effet qu'on en pouvait attendre. Que de gens eurent à regretter leur fuite précipitée, dont les instigateurs principaux furent des journalistes à imagination trop féconde !

L'heure de notre départ approchait aussi. Un ordre supérieur arriva le 26 août enjoignant à deux compagnies de se rendre immédiatement à Montereau. La troisième et la sixième furent désignées et partirent, pendant la nuit, par le chemin de fer. Le lendemain, samedi 27 août, le bataillon pliait bagage à destination de Nangis. Ce départ fut tout-à-fait précipité ; les adieux à la bonne ville de Provins se firent en grande hâte, et trois heures après l'ordre reçu, les wagons à bestiaux de la compagnie de l'Est emportaient rapidement le quatrième bataillon de Seine-et-Marne.

V. — LONGUEVILLE.

A la bifurcation des lignes ferrées de Provins et de Mulhouse se trouve, encaissé entre des coteaux, le village de Longueville. On y détacha la première compagnie de grand'-garde, et le bataillon continua sa route sur Nangis. Quelques prussiens avaient déjà paru à Sézannes et à Romilly, disait-on, et on croyait bien les voir arriver d'un moment à l'autre. Ce fut notre première expédition, et cela nous fait rire quand nous pensons à tout le sérieux que nous y avons mis. On aurait pu nous croire de vieux soldats très-graves poussant une reconnaissance sur le terrain ennemi. La grand'garde devait envoyer une patrouille de nuit explorer les environs, tandis que la compagnie resterait campée, entassée dans les salles d'attente de la gare. Une vingtaine de volontaires s'offrirent spontanément pour faire partie de cette reconnaissance, et l'un d'eux émit l'avis de laisser à la gare tous les hommes mariés, ce qui prouve que nos moblots croyaient positivement qu'ils allaient courir quelque danger.

On put, dès ce moment, avoir bonne opinion de ces vingt braves, qui s'aventuraient si résolûment. Ce qu'il y a de certain, c'est que ces mêmes hommes eurent plus tard l'occasion de se montrer devant l'ennemi, et qu'ils le firent incontestablement à leur honneur.

Voyez-vous cette colonne s'acheminant silencieusement dans les bois, retenant presque son haleine, le fusil chargé, fouillant les buissons et ne se permettant même pas d'allumer une pipe, dans la crainte de trahir sa présence! Un gendarme en perquisition n'eût pas été plus circonspect. Ils marchèrent ainsi toute la nuit, traversant les villages épouvantés à leur approche ; qui les apercevait ou entendait croyait voir arriver en eux les Prussiens tant redoutés. Un villageois plus hardi que les autres, eut cependant le courage d'entre-bâiller un peu sa porte, et lorsqu'il vit qu'il avait affaire à d'inoffensifs moblots, il courut à sa cave et leur offrit quelques bouteilles, acceptées avec empressement. Après ce réconfortant, l'expédition, qui s'était perdue, se fit orienter ; elle eut ensuite la chance d'être ramenée de Flamboin à Longueville par des locomotives qu'on repliait sur Paris.

Ils rejoignirent la compagnie à quatre heures du matin, restés au grand complet, sans blessures...... mais aussi sans les prisonniers qu'ils avaient espéré faire !!

Si j'ai raconté cet épisode avec tous ses détails, c'est qu'il est très-significatif par lui-même, et qu'on en pouvait tirer certaines inductions : la mobile était pleine d'ardeur, d'entrain, de désir de bien faire, mais aussi d'une inexpérience complète dans l'art et surtout la pratique de la guerre. Il ne lui fallait qu'une bonne direction, un petit succès, et l'occasion de confirmer la confiance en elle-même, pour devenir une troupe capable de tenir honorablement sa place devant l'ennemi.

VI. — NANGIS.

Le lendemain arrivait de Nangis, par le chemin de fer, une compagnie venant nous relever. Elle fut la bienvenue. Après la mauvaise nuit que nous avions passée, les uns à la chasse aux uhlans et les autres encaqués dans la gare, on ne demandait qu'un peu de repos. Il était bien gagné.

Cette nouvelle grand'garde sut du moins s'organiser, et si elle n'envoya pas si loin une seconde patrouille, les hommes en tirèrent meilleur profit. On en fit une sorte d'école d'avant-poste. Elle non plus ne fut utile qu'au point de vue de l'instruction sur le service en campagne; car les Prussiens étaient encore loin. Si d'ailleurs ils étaient venus en nombre surprendre un de nos postes d'alors, on a peur de deviner ce qui serait arrivé probablement.

Aussitôt la consigne transmise au capitaine prenant la garde, la compagnie relevée était montée en chemin de fer; elle fit son entrée à Nangis une heure après.

Cette localité n'étant pas une ville de garnison, des billets de logement furent distribués aux moblots, qui furent très-bien reçus chez les habitants. Le comte de Greffhule mit 'sa propriété à la disposition du commandant pour y loger les officiers et ceux des soldats non casés en ville. C'était pour ces derniers le commencement de la misère. Habitués à de plus ou moins bons lits dans leurs familles, ils se virent obligés de coucher sur la paille dans les granges du château. Il est vrai que si la dixième partie de ce confortable nous était échue plus tard en partage, nous nous fussions trouvés les plus favorisés de tous; mais, pour l'instant, cela semblait d'autant plus dur que c'était plus nouveau. Il y avait loin pourtant d'un lit de paille à un lit de fange ou de neige. Mais qui pensait en arriver jamais à ce dernier coucher-là? Il est fort heureux que la vraie misère ne se soit fait sentir ainsi que progressivement, à mesure que l'on s'endurcissait davantage et que le corps s'y habituait.

Les grandes manœuvres du bataillon avaient lieu dans le parc du château, et les exercices par compagnie sous les magnifiques promenades de la ville. Nangis avait hérité des prérogatives de Provins. La garnison si bonne vivante donnait à la petite ville une gaieté qu'elle ne s'était jamais vue. Cafés et restaurants n'étaient jamais déserts. Une bruyante animation ne cessait d'y régner, car les moblots avaient encore le gousset bien garni. Ils improvisèrent même un café-concert, qui fut très-fréquenté, et que la patrouille du soir avait grand'peine à faire évacuer. Cela semblait si bon de rire encore à ce moment-là !

Ce qui n'avait rien de gai, par exemple,

c'était la nuit de garde au poste de l'hôtel-de-ville. Une section tout entière faisait ce service, et les hommes, dans la grand'salle, étaient si nombreux pour l'étendue de la pièce, que cela devenait malsain, et que le matin l'air y était à peine respirable.

L'hôtel-de-ville de Nangis est agencé dans une sorte d'ancien château-fort, dont le style moyen-âge est d'un sévère aspect. Il me revient que, par une belle nuit de septembre, la première que j'y passai, je restai longtemps sur le balcon extérieur donnant sur les larges fossés du jardin. Le lieu portait à la mélancolie, et l'imagination errait naturellement à l'aventure autour de ces vieux vestiges d'une époque si féconde en histoires lugubres et fantastiques. La lune complétait le tableau, et projetait çà et là des ombres blafardes, formant de grandes silhouettes que la peur eût facilement animées, si la raison se fût endormie. On eût dit les fantômes des seigneurs d'autrefois s'étonnant de voir leur domaine envahi par ces hommes armés, si étrangement vêtus.

La sentinelle du pont levis n'était pas bardée de fer. C'était un mobile en sarrau de toile, qui, faisant sa faction, regardait fréquemment la lune avec une certaine expression de tristesse. Peut-être se demandait-il si c'était bien la même qu'il avait vue souvent éclairer la façade blanche de la maison paternelle.

Rentré dans la salle de garde, je vis un groupe attentif qui écoutait religieusement le clairon de la compagnie racontant une histoire de sorciers.

Je constate, en le regrettant, qu'il y a encore beaucoup plus qu'on ne pense des gens qui croient aux fantômes, aux maléfices, aux pactes occultes, à toutes les inepties qu'on peut imaginer.

Mais pourquoi un appel réitéré m'avait-il fait abandonner mes réflexions diverses, mes évocations du vieux temps et le spectacle de cette lune me rappelant aussi de chers souvenirs, pour me remémorer que j'étais à Nangis, au poste, à la veille de voir les Prussiens?

On venait requérir quatre hommes pour conduire en lieu sûr un espion prétendu qu'on venait d'arrêter. La manie de la chasse à l'espion commençait à se déclarer. Un homme signalé par le télégraphe avait dû, au chemin de fer, suivre l'officier chargé de l'arrêter. On le conduisit dans une chambre d'hôtel, où il subit un premier interrogatoire qui ne révéla aucune charge contre lui ; cependant après cela, avec tous les égards dus à sa qualité de suspect, on l'invita à passer la nuit dans cette même chambre. C'est à ce moment qu'on était venu chercher les hommes au poste, pour mettre un factionnaire à la porte du prisonnier. Mais qu'on juge comme la consigne fut bien donnée ! Le commandant, ouvrant sa porte le lendemain matin, trouva une baïonnette qui lui barrait le passage, tandis que le reclus aurait pu s'esquiver sans que personne s'y opposât. La méprise venait de ce que le moblot s'était tout bonnement trompé de chambre. Le soi-disant espion put le lendemain continuer son voyage ; il parut avoir bien compris que nous n'étions pas responsables de sa mésaventure, et qu'il valait mieux courir le risque de se tromper quelquefois, que de manquer une seule occasion de bien faire un service d'où dépendaient tant et de si graves intérêts.

Une grande revue eut lieu quelques jours après. Elle fut passée par le général commandant la subdivision et par le Préfet.

On commençait à bien manœuvrer; aussi la revue donna-t-elle au général une bonne opinion du bataillon, ce qui motiva l'ordre du jour suivant :

« Le général exprime au bataillon toute sa satisfaction pour sa belle tenue, sa prestance sous les armes, son degré d'instruction militaire. Il lève toutes les punitions de simple discipline. »

Jusque-là on donnait encore des permissions de vingt-quatre heures, et j'en profitai le samedi 3 septembre, avec plusieurs camarades, pour aller passer le dimanche à Paris.

VII. — LE 4 SEPTEMBRE.

La confusion sur la ligne de l'Est était à son comble; mille causes entravaient la marche régulière des trains, et le voyageur n'arrivait jamais à destination qu'avec un retard considérable. Partis à sept heures de Nangis, nous n'étions à Paris qu'à minuit.

Je me séparais de mes amis pour me rendre dans ma famille, lorsque, traversant le boulevard, j'y vis une animation si extraordinaire que j'en voulus connaitre la cause. Rien de tel que ce qu'était alors la physionomie de Paris : partout des gens vivement préoccupés allant d'un groupe à l'autre, parlant bas, courant plus loin se mêler à une autre conversation, et donnant les signes les moins équivoques d'une agitation, d'une surexcitation qui ne faisait qu'accroître ma curiosité.

Je résolus de passer une partie de la nuit, s'il le fallait, pour tâcher de découvrir ce qu'il y avait là de mystérieux pour moi. Partout le même aspect sur ces boulevards, depuis la porte Saint-Denis jusqu'à la Chaussée-d'Antin. On n'entendait pas dans les groupes, comme cela se voit fréquemment, un orateur débitant sa prose à haute voix, en texte suivi. C'étaient des demi-mots prononcés presque tout bas, des phrases entrecoupées, des confidences à peine formulées, toutes choses qui semblaient avoir une grande importance, car elles provoquaient les exclamations, les récriminations de chaque auditoire. On respirait comme un air à la fois accablant et irritant. Les sergents de ville, que j'aurais voulu questionner tout naïvement, ne se voyaient plus, comme en temps ordinaire, repoussant la foule ou dispersant les groupes ; tous avaient disparu.

Il était environ deux heures lorsque, sur le boulevard Montmartre, je m'approchai d'un groupe stationnant devant le café de Suède. On y disait que les députés étaient en séance et qu'ils venaient de proclamer la République. Ce n'était pas tout! Il s'y disait aussi que nous avions été battus complétement dans une monstrueuse affaire, et que l'Empereur était fait prisonnier.

Tout bouleversé, je quittai ce groupe et me dirigeai vers le faubourg Saint-Denis, cherchant un hôtel pour le reste de la nuit, et remettant au lendemain de m'édifier tout à fait sur ces lamentables nouvelles. Dès le matin j'étais sur pied ; une grande affiche, accolée à la porte Saint-Denis, confirmait l'effroyable catastrophe à laquelle mon esprit abattu fut bien alors forcé de croire.

« Français, un grand malheur frappe la Patrie.....

Après trois jours de luttes héroïques soutenues par l'armée du Maréchal Mac-Mahon contre trois cent mille ennemis, quarante-mille hommes ont été faits prisonniers. Le général Wimpffen, qui avait pris le commandement de l'armée en remplacement du Maréchal Mac-Mahon grièvement blessé, a signé une capitulation.

Ce cruel revers n'ébranle pas notre courage.

Paris est aujourd'hui en état de défense.

Les forces militaires du pays s'organisent ; avant peu de jours une armée nouvelle sera sous les murs de Paris ; une autre armée se forme sur les rives de la Loire.

Votre patriotisme, votre union, votre énergie sauveront la France.

L'Empereur a été fait prisonnier dans la lutte.

Le gouvernement, d'accord avec les pouvoirs publics, prend toutes les mesures que comporte la gravité des évènements. »

    Suivaient les signatures.

La lecture de cette affiche n'était-elle pas

en effet terrifiante? J'avoue que j'entrevis à ce moment la prochaine et triste fin de la lutte comme inévitable. Il me semblait que la France entière devait porter le deuil de ce désastre immense, et qu'il ne restait plus qu'à s'incliner, la rage au cœur.

Grande fut ma surprise lorsque, sortant de nouveau à midi, je vis qu'il y avait foule encore sur les boulevards, mais que la consternation n'était plus sur le visage de tous ces Parisiens. Une sorte d'animation fébrile pour chacun, et comme une attraction magnétique pour l'ensemble, faisait marcher tout ce monde vers la place de la Concorde. Je suivis la foule et arrivai des premiers en face du Corps-Législatif. La déchéance de l'Empire était déjà un fait accompli, et j'entendis de toutes parts que la République était proclamée. Cette nouvelle produisit une transformation subite, un changement à vue, en se répandant avec une rapidité électrique. On se sépara aussitôt dans toutes les directions, et moins d'un quart d'heure après, tout Paris saluait la nouvelle République. Cela ne suffisait pas ; il fallait la proclamer à l'Hôtel-de-Ville. Quelle poussée dans le trajet de la place de la Concorde à la place de Grève ! Le spectacle était émouvant... J'ai vu des gens qui riaient et pleuraient à la fois ; j'étais accosté à chaque pas par des gardes nationaux qui me serraient la main, m'étreignaient, m'embrassaient presque, pour ainsi fraterniser avec la mobile dont j'avais l'uniforme. Les aigles, les écussons, les médaillons à l'effigie de l'Empereur disparaissaient comme par enchantement de toutes les devantures. Dans chacun des quartiers de Paris, on ne voyait que des ouvriers qui, juchés sur des échelles, se livraient à ce genre d'exécution.

Il faut avouer que la révolution faite de cette manière, si puéril que cela soit, vaut mieux que par des coups de fusil aux barricades.

Ce sera le cachet distinctif de cette mémorable journée : l'Empire déchu, la République le remplaçant, ce grand fait s'accomplit sans un coup de feu. On eut bien raison de dire que, pour l'Empire, ce fut un effondrement, ou encore un hoquet expulsif de la nation.

Mais ce qui n'était pas du meilleur goût, ce qu'il est permis de trouver hors de propos, c'est l'attidude trop insouciante quant aux Prussiens, la joie trop bruyante, trop démonstrative, trop exempte des autres préoccupations qui auraient dû n'être pas oubliées un seul instant. Il s'en fallut de peu que les Parisiens n'allumassent des lampions ce soir-là..... Et Sedan!!!

Je suis de ceux qui ont accepté sans regrets le nouveau Gouvernement, gouvernement dont je persiste à désirer la consolidation dans mon pays. Mais il y avait un nuage si noir obscurcissant le soleil de la République, je pensais tant à nos défaites, à nos chanceux et implacables vainqueurs, à ce million d'envahisseurs Allemands, que je trouvais inconvenantes, — eus-je tort? — les manifestations qui semblaient, de tout cela, ne tenir aucun compte.

VIII. — LA GRANDE ÉTAPE.

La province se réveillait le lendemain tout étonnée de se trouver en République. La nouvelle fut accueillie, sinon partout avec enthousiasme, du moins partout sans récriminations. Il semblait que le seul mot de République allait être, pour notre délivrance ultérieure, d'une vertu sans égale. On se rappelait la glorieuse époque où les armées de la Convention, refoulant partout les envahisseurs, marchaient à la victoire. Et sans tenir compte du dévouement, du grand élan patriotique qui, alors plus qu'aujourd'hui, animait toute la nation

Française, sans comparer les engins de guerre usités autrefois aux effets calculés et autrement redoutables de l'artillerie nouvelle, fermant les yeux sur notre situation vraie et s'étourdissant aux cris de « vive la République ! » beaucoup de gens se prirent à espérer la fin de nos revers..... et même, quelques-uns, le prompt et complet écrasement de nos ennemis. Quelle déception !

Aussitôt notre retour à Nangis, la garde nationale de cette ville fut convoquée, puis réunie avec notre bataillon sur l'emplacement de la revue des jours précédents ; et là notre Commandant nous proclama officiellement la République.

Cela n'empêchait pas nos trop heureux vainqueurs d'avancer tous les jours. Les uhlans n'étaient plus des êtres imaginaires ; ils répandaient partout la terreur et jetaient une panique telle qu'ils ne rencontraient nulle part la moindre résistance. Ils avançaient, avançaient toujours, annonçant le flot de l'invasion qui les suivait.

Qu'eût fait notre pauvre bataillon à les

attendre à Nangis ? Peut-être que la mobile, au lieu de se replier sur Paris, eût rendu par la suite plus de services à la défense nationale, en convergeant toutes ses forces sur un point du centre de la France. Il est même certain aujourd'hui que la garnison déjà présente à Paris, pour ne s'en tenir qu'à la défensive, aurait été assez nombreuse avec la garde nationale (qu'on eût pu alors mieux utiliser) pour faire le service des remparts et des forts ; ce qui aurait permis à la garde mobile de compléter son instruction, et de s'ajouter bientôt aux éléments sérieux de cette armée de province sans laquelle il n'y avait pas de salut probable. Mais on ne raisonne pas avec une injonction de l'autorité militaire. L'ordre vint de se replier sur Paris ; il ne restait plus qu'à prendre chacun son fourniment, et à quitter Nangis comme nous avions quitté Provins, en gardant un excellent souvenir de notre séjour dans ces deux villes.

Le 11 Septembre, à trois heures de l'après-midi, le chemin de fer nous transportait jusqu'à Gretz, et l'on parcourut à pied le peu de distance qui sépare cette localité de la petite ville de Tournan. Les fourriers, qui avaient précédé leurs compagnies, distribuèrent les billets de logement, et la nuit se passa assez tranquillement. Les Prussiens étant signalés aux environs, on établit une grand'garde qui se reliait à un poste de gardes forestiers sur la route de Fontenay-Trésigny. L'assemblée fut sonnée de grand matin ; on se réunit sur la place de l'Hôtel-de-Ville, et le bataillon se mit en marche pour retourner à Gretz. Arrivés à la gare, nous éprouvâmes une déception : au lieu de remonter en chemin de fer comme on s'y attendait, on côtoya la ligne, suivant la route d'Ozouer-la-Ferrière. Ici se place un piteux incident.

Un garde mobile était resté la veille à Gretz ; il y avait employé sa nuit à des libations si copieuses que, lorsqu'on le retrouva en passant, il pouvait à peine se tenir sur les jambes. Ce beau guerrier avait tant de goût pour la noble profession des armes, qu'il s'était débarrassé de son fusil et de ses cartouches en les jetant à l'eau.

Les moyens de répression, en colonne de route, ne sont pas faciles à appliquer. Certes, en des circonstances tellement graves, il eût été d'un effet salutaire de fournir un exemple de punition sévère, comme y autorise et le prescrit même le code de justice militaire. Pourtant on atténua le châtiment.

On aurait tort de se former, d'après ce qui vient d'être raconté, une opinion désavantageuse sur la mobile; c'est au contraire à cause des sentiments d'indignation que cette conduite a soulevés, que je me la suis remémorée. Dieu merci! à supposer que l'impérieux devoir plutôt que le vrai patriotisme fît marcher le plus grand nombre, il y avait assez de braves cœurs et d'honnêtes gens parmi nous pour que la vue d'un soldat qui a jeté ses armes les révoltât légitimement.

Il ne restait plus qu'à prendre son parti : l'étape devait se faire à pied; or, de Gretz à Noisy-le-Sec, il y avait de quoi s'exercer à la marche.

Notez que le bataillon n'avait pas encore de sacs; une sorte de grande poche en toile blanche, appelée musette, en tenait lieu. Cette poche contenait, outre les bibelots de chaque homme, vingt paquets de cartouches, qui ne laissaient pas de former un certain poids. Les premiers kilomètres se firent assez prestement ; au bout de quelques heures de marche, la poche, mal assujettie par des cordons remplaçant les courroies, commença à se faire durement sentir; le pas se ralentit, et les rangs se débandèrent pour laisser chacun marcher à son gré. Cela n'avait rien de réglementaire; mais cette étape ressemblait tant à une retraite précipitée, qu'on passait bien un peu sur la discipline. Le principal était de faire le chemin, et, que ce fût ou non en ordre parfait, il fallait arriver. Inutile d'ajouter s'il y eut des retardataires éclopés, des maraudeurs incorrigibles et des paresseux habituels, que l'officier d'arrière-garde dut remarquer à la suite du bataillon.

On dépassa la Queue-en-Brie, puis enfin,

tant bien que mal, nous étions à Champigny l'après-midi, pour faire la grande halte.

Champigny n'était pas célèbre alors comme il le fut depuis. L'aspect de ce pays était loin d'être gai. On prévoyait que par là, près de Paris, pourraient se livrer des batailles. C'était donc en ce pays comme l'image anticipée de la guerre; presque toutes les maisons fermées, des déménagements par toutes les rues, et la garde nationale en grande activité de service. Il était peu facile, pour ne pas dire impossible, de trouver de quoi manger. Les officiers furent reçus chez le maire du pays, où ils trouvèrent le plus engageant accueil. Malgré ses instances, et pour ne pas être trop nombreux et gênants au même endroit, nous acceptâmes, quelques-uns, la cordiale invitation d'un commandant de la garde nationale, chez qui nous trouvâmes une table servie à souhait, et à laquelle nous fîmes beaucoup honneur.

Le clairon nous rassembla à trois heures, et le bataillon reprit sa marche qui, cette fois, se fit avec ordre jusqu'à Joinville-le-Pont.

Je n'ai jamais su pourquoi on passa, de Tournan, par Champigny et Joinville pour aller à Noisy-le-Sec. Il est probable que ce n'est pas sans raison que l'on allongeait l'étape, déjà si pénible à parcourir.

De Joinville, nous remontâmes à la redoute de la Faisanderie, et, traversant le bois de Vincennes, nous arrivâmes sur la route stratégique. On passa successivement devant les forts de Nogent et de Rosny, et l'on aperçut enfin celui de Noisy-le-Sec. Quel soupir de satisfaction en voyant le but de cette longue étape, avec la perspective d'une bonne soupe et d'un bon lit ! Il me souvient que, près de la redoute de Montreuil, nous vîmes un petit camp établi dans les vignes; c'étaient je crois, des chasseurs. Les tentes, dressées pêle-mêle, formaient un coup d'œil pittoresque. Nous regardions ces tentes avec une grande curiosité, à laquelle s'ajoutait une certaine commisération. « Pauvres gens ! nous disions-nous, comme cela doit être dur de coucher sur la terre ! Heureusement, ajoutions-nous mentalement, que nous n'en sommes pas là. » Coucher dehors ! sur la terre nue ! cela nous semblait, à la plupart, en tel contraste avec nos habitudes précédentes, que nous avions peine à en admettre la possibilité.

Il y avait grande animation sur cette route stratégique. La mise en état de défense des forts accumulait un nombre considérable d'ouvriers et de matériel. D'immenses convois de voitures chargées et des officiers à cheval nous croisaient à chaque instant. Les mille bruits de ce tohu-bohu, joints à la fatigue, achevaient de nous abasourdir et de nous épuiser. Au loin, d'épaisses et noires colonnes de fumée s'élevaient dans les airs. La défense faisait brûler les bois avoisinant les forts ; tous les arbres étaient coupés à la hauteur convenable pour ne pas obstruer la ligne de tir ; enfin c'était la guerre, avec son triste cortége de destruction et de désolation !

Nous arrivions à sept heures à Noisy-le-Sec. Les hommes couchèrent où ils purent trouver des gîtes; moi, j'obtins une permission pour Paris, où j'eus le bonheur de rencontrer ma femme, mon enfant et divers membres de ma famille, que je croyais réfugiés en Normandie.

Ce même soir, 11 Septembre, rentra dans la gare de Strasbourg le dernier train de la ligne de l'Est.

IX. — L'ENTRÉE A PARIS.

Le séjour à Noisy-le-Sec fut de courte durée ! A mon retour de Paris, le lendemain, j'arrivai juste au moment du départ du bataillon, qui s'y dirigeait; et j'y revins avec lui, tenant ma place de colonne à ma compagnie.

Les hommes n'étaient guère reposés des fatigues de la veille; mais on s'était approprié, et la tenue, l'entrain de chacun ne laissaient rien à désirer; aussi le bataillon arriva dans Paris en y faisant réellement bonne figure.

On gagna le faubourg Saint-Martin par la route d'Allemagne; puis, obliquant à

L'entrée à Paris

droite de l'église Saint-Laurent, on suivit les magnifiques boulevards de Strasbourg et de Sébastopol. Nos tambours et clairons exécutaient la marche, et tous, en très bon ordre, au pas et l'air très-décidé, nous tâchions de ne pas trop ressembler à des conscrits; ce qui provoquait les réflexions sympathiques des Parisiens faisant la haie sur notre parcours.

« A la bonne heure! entendait-on; voilà de solides gars, qui feront de la bonne besogne! — Ils ont l'air fatigués, disaient les uns. — Peut-être ont-ils déjà vu les Prussiens! ajoutait un autre. »

Et tout cela caressait agréablement notre amour-propre, et notre allure n'en prenait que plus d'assurance.

Le fait est qu'il y avait de rudes gaillards chez les moblots de province. Avec le système de recrutement employé jusqu'alors, les plus beaux hommes étant incorporés dans la cavalerie, il ne restait pour l'infanterie que ceux de moindre apparence; tandis que la levée de la mobile s'était faite en y mêlant tout, grands et petits, forts et faibles.

A côté des réflexions de la foule, il y en avait d'autres qui ne laissaient pas d'être d'un certain piquant : celles des bons moblots à qui il avait fallu une occasion pareille pour voir Paris, et qui s'extasiaient tout haut, avec force exclamations de surprise et d'ébahissement.

Il était nuit quand nous arrivâmes sur la place de l'Hôtel de ville, où l'on distribua les billets de logement. Le quartier Montrouge nous était assigné. Il fallait encore une bonne heure de marche. On rompit les rangs, et chacun se rendit à son gîte, les uns demandant des renseignements à chaque pas, et d'autres, le petit nombre, s'éparpillant dans la grande ville pour courir chez des parents, amis ou connaissances, qu'ils avaient hâte de voir avant de s'installer dans leur logement.

X. — MONTROUGE.

Dans ce premier cantonnement parisien, nous avions un appel en armes tous les matins, à six heures et demie, sur la place de Montrouge. Cet appel était suivi d'exercices, ou bien les compagnies allaient à tour de rôle toucher un effet d'habillement ou d'équipement au magasin central, rue Delambre, 22. Que de voyages ne fit-on pas avant d'avoir tout le nécessaire, depuis les boutons de tunique jusqu'à la tente-abri? Car, aussitôt à Paris, on s'occupa de nous donner tout l'uniforme réglementaire. Peu à peu la transformation s'effectuait; mais tout cela ne se faisait qu'avec une lenteur désespérante, l'administration ayant à faire face à mille choses à la fois. Cependant, pour les raisons que j'ai déjà énumérées, notre bataillon fut l'un de ceux qu'on mit le plus tôt en état de tenir la campagne.

Le régiment de Seine-et-Marne se composait de quatre bataillons. L'arrondissement de Fontainebleau, commandant de Piolinc, formait le premier; Meaux, commandant Têtard, deuxième bataillon; Melun, commandant de Saint-Ange, troisième bataillon; Provins, commandant de Courcy, quatrième bataillon. L'arrondissement de Coulommiers, lors de la formation, avait été partagé ainsi : les cantons de Coulommiers et de Rozoy faisaient partie du bataillon de Melun (3e); et les cantons de La Ferté-Gaucher et de Rebais furent du bataillon de Provins (4e).

Nous étions tous réunis à cette époque dans les mêmes casernements, et nous avions retrouvé là nos deux compagnies détachées, on se le rappelle, de Provins à Montereau. Ces deux compagnies, en arrivant à Paris, connaissaient le maniement d'armes et l'école de peloton beaucoup mieux que les autres. Cela tenait à ce qu'elles s'étaient trouvées à Montereau avec un bataillon de chasseurs, et que de ce contact était résulté une sorte d'enseignement par l'exemple, et beaucoup d'émulation. Du moins nous en jugeâmes ainsi. Ce qu'il y a d'incontestable, c'est qu'ils manœuvraient bien. Le lendemain de notre arrivée, le lieutenant-colonel nous passa en revue; il voulut commander lui-même une compagnie, et, choisissant justement la sixième, il fut émerveillé de la précision des manœuvres; il en témoigna sa vive satisfaction, augurant bien de cela pour l'avenir de notre régiment.

En effet, nous n'étions déjà plus les bandes armées de Provins et de Nangis ; mais quasiment de vrais soldats.

Il fallait voir, lorsqu'on s'en donnait la peine, comme le bataillon avait bon air; le pantalon dans les guêtres blanches, la tunique bien ajustée, le sac au dos portant la gamelle, la toile de tente et la couverture, enfin tout le harnais d'un troupier ! Tout cela, généralement propre et beau dans son uniformité, faisait plaisir à l'œil, ce qui nous inspirait une satisfaction légitime.

La solde de chaque homme était de un franc cinquante, et avec cette modique somme, on se tirait parfaitement d'affaire. Il faut dire que beaucoup des Parisiens chez lesquels logeaient nos mobiles, les nourrissaient plus ou moins. C'était le moment des douceurs. Il y avait des logements de toutes sortes; dans les uns c'était presque du luxe, dans d'autres un bon confortable; ceux que le hasard du billet avait conduits chez les familles ouvrières, n'en recevaient souvent qu'un plus cordial accueil, et ne demandaient pas de changement à cet état de choses. J'ai connu des moblots qui habitaient, sur les boulevards de ce quartier, certains logements tout-à-fait excentriques; peut-être que ceux-là auraient volontiers passé tout le temps du siége dans ces conditions; mais heureusement pour la morale, et sans doute aussi pour la santé de ces jeunes gens, que cela dura peu. En somme le séjour à Montrouge fut le casernement le plus agréable que nous ayons eu à Paris.

XI. — LES ÉLECTIONS.

C'est pendant que nous étions à Montrouge que le Gouvernement de la Défense nationale promulgua le décret du 17 Septembre, par lequel les gardes mobiles de Paris et des départements étaient appelés à élire leurs officiers. Ce décret, éminemment démocratique, n'avait pas sa raison d'être pour tous les officiers des cadres de la mobile. Aussi ne fut-il pas accueilli volontiers par les anciens ayant appartenu à l'armée.

Et cela se comprend. Voyez-vous un brave capitaine en retraite, qui a gagné ses grades à la pointe de l'épée, en Afrique, en Crimée, en Italie, et qui, malgré son âge, ses blessures, ses fatigues antérieures et le repos mérité dont il pourrait jouir, a vaillamment repris du service aussitôt la patrie en danger, voyez-vous cette vieille moustache se trouver à la merci de jeunes blancs-becs qui peuvent lui faire la politesse de l'évincer ! En vérité cela semblait décourageant pour eux quand on y pensait; et pourtant il fallait en passer par là.

Un de ces vieux officiers, M. Havard, capitaine de la 4ᵉ compagnie, jugea à propos, lors des élections, de ne pas dissimuler sa mauvaise humeur aux soldats qu'il commandait. Avant qu'ils allassent voter, il les forma en cercle et leur adressa cette courte et significative allocution :

« Vous avez à élire un capitaine, un lieutenant et un sous-lieutenant..... je tiens, avant que vous votiez, à vous déclarer que je me..... moque de vos voix comme des..... bottes à Colin-Tampon. Rompez vos rangs.... Marche ! »

Aussitôt commença l'opération du vote.

Détail à noter : quatre hommes mis en prison par les ordres de ce capitaine en sortirent pour aller au scrutin..... Et le résultat fut l'unanimité des suffrages pour le capitaine en question.

Ceci se passe de commentaires, et fait autant d'honneur à l'élu qu'au bon esprit des votants.

La position des jeunes officiers de la mobile, qui formaient la majorité, était toute différente. Les galons qu'ils portaient étaient dus à la faveur, non au mérite précédemment justifié, ce qui les plaçait jusque-là dans une position fausse; mais tous ceux qui s'étaient consciencieusement inspirés de leurs devoirs et qui avaient su conserver de bons rapports avec leurs hommes, sans préjudice pour la discipline, tous ceux-là acceptaient franchement les élections, et même les avaient appelées de leurs vœux. N'était-ce pas une sorte de confirmation qui pouvait seule leur donner la force morale dont ils avaient besoin?

Les élections, dans notre bataillon, se

firent très-régulièrement, et amenèrent peu de changements dans les cadres. Les élus obtinrent, pour la plupart, une majorité imposante. Je crois être l'interprète de mes collégues en remerciant publiquement nos camarades de la confiance et de la sympathie qu'ils nous ont ainsi témoignées, ce dont pour ma part, je leur suis et leur serai toujours reconnaissant.

Le commandant réunit les compagnies aussitôt le vote terminé, et les capitaines, lieutenants et sous-lieutenants, furent reconnus officiellement devant les troupes, suivant le règlement militaire. Après quoi, le corps d'officiers eut à nommer son commandant. Le vicomte Ernest de Courcy, organisateur et chef du bataillon jusqu'alors, réunit toutes les voix, ce qui n'étonna personne, tant ce choix était mérité par beaucoup de zèle et la plus vive sollicitude pour les besoins de tous, en attendant qu'il le fût mieux encore par le courage, le sang-froid, le coup d'œil et l'habileté que le titulaire sut montrer plus tard au champ d'honneur.

On ne contestera pas que ce mode d'élection des chefs est incompatible avec la discipline et même avec la dignité de l'armée. S'il n'y eut pas d'élections regrettables dans notre bataillon, il n'en est pas moins vrai qu'on eut à déplorer ailleurs de fâcheux abus. Ainsi on a vu un capitaine, vieux brave comme celui dont je parlais tout à l'heure, être remplacé par un sous-officier intrigant, qui acheta son élection par des libations aussi honteuses pour celui qui les offrit que pour ceux qui les acceptèrent.

Donc le principe est mauvais et doit être condamné à tous les points de vue. Néanmoins, eu égard aux circonstances exceptionnelles, si l'on n'avait pas appliqué cette règle aux officiers anciens militaires, c'eût été bon, disons même ce fut bon que les autres aient été, pour cette fois, soumis à l'élection.

XII. — LE COLLÉGE ROLLIN.

A mesure que la mobile de province arrivait à Paris, elle était logée provisoirement dans tel ou tel quartier, et l'autorité militaire l'incorporait, ou plutôt l'embrigadait petit à petit, ce qui nécessitait un changement de casernement pour réunir les différentes troupes formant une division. On nous désigna le collége Rollin, et le bataillon s'y installa le 24 Septembre.

Triste, bien triste, ce nouveau casernement! car c'était changer le grand air du quartier Montrouge pour se renfermer entre quatre murs qui nous semblaient comme une prison. Au début, l'aspect des cours du collége ne portait pas à la mélancolie ; c'était un bruit continuel, des éclats de rire, la joyeuse humeur habituelle du troupier, assaisonnée des appels du clairon à l'exercice, à la corvée, à la distribution. A tout cela se mêlait la bonne odeur des cuisines, dont les fourneaux, formés de deux pavés, s'alignaient le long des murs, les culottant, comme disaient alors les hommes chargés du soin délicat de la popote. Et quelle popote! une vraie popote! des choux à discrétion, de la carotte à profusion! on en avait alors autant qu'on en voulait. Comme on trouvait cela bon ! et comme on s'est dit plus tard : « Ah ! si je tenais un peu de ce qu'autrefois j'avais en trop ! »

La solde de un franc cinquante allouée à chaque homme avait été supprimée en entrant au collége; on y commença à distribuer les vivres de campagne. La première fois qu'on vit la viande de cheval, cela inspira une répugnance générale, et beaucoup d'entre nous refusèrent d'y goûter ; ce ne fut qu'après l'expérience faite par d'autres moins délicats, et quand on fut certain que cette viande n'avait empoisonné personne, qu'elle fut reçue et justement appréciée ; bientôt même, à propos de cette viande, on ne se plaignit plus que de n'en pas avoir assez.

Voici quels furent les moyens d'existence du moblot à l'époque qui nous occupe :

Ordre du 28 Septembre 1870.

Dans le but de ménager les ressources en viande fraîche, la composition de la ration de vivres est fixée ainsi qu'il suit à partir du 1er Octobre 1870 : Pain 1 kilog., ou biscuit 740 grammes. Sel 20 grammes. Riz ou légumes, 100 grammes. Viande fraîche 180 grammes, ou viande de conserve, ou lard, 150 grammes. Café torréfié 16 grammes. Sucre 21 grammes. Vin 25 centilitres. Eau-de-vie 6 centilitres.

La viande fraîche ne sera distribuée que deux fois par semaine, le dimanche et le mercredi. Les ordinaires, qui n'auront plus à supporter la dépense du pain de soupe, pourront par suite acheter de la viande ou du fromage. La ration se trouve diminuée de 70 grammes de viande ou de 50 grammes de lard, mais elle est augmentée d'une ration de pain de soupe, d'une ration de vin, d'eau-de-vie, de sel, et des deux tiers d'une ration de riz. Elle est donc suffisante pour réparer les forces des hommes et les maintenir dans un état de santé satisfaisant.

30 Septembre 1870. — Solde pour la troupe en campagne.

Soldats, 0,25. — Caporaux, 0,41. — Sergents, 0,70. — Majors, 1,08. — Adjudants, 1,98. — Tambours, 0,35. — Caporaux-tambours, 0,58.

Cela faisait bien regretter les trente sous, avec lesquels chacun se nourrissait à son gré, quand la table de l'hôte ne lui était pas offerte. Adieu les beaux jours de Montrouge! c'est maintenant le collége Rollin! Quel cauchemar ici lorsqu'on lisait à l'ordre : « Le quartier est consigné. » C'était la bête noire du moment. Les jours de piquet, de service, il fallait rester là, ce qu'on trouvait d'autant plus dur qu'on avait joui, pour commencer, d'une liberté relative à laquelle on s'était facilement habitué. De plus, le casernement du collége était trop exigu pour contenir autant d'hommes ; les nombreuses petites chambres de l'établissement avaient chacune tant de locataires, on y était la nuit dans une atmosphère sitôt viciée, que les maladies furent là plus fréquentes et multipliées que partout ailleurs.

On faisait l'exercice tous les jours dans le quartier, en dehors du collége. Après l'appel du matin, les compagnies se dirigeaient séparément à leur emplacement désigné, les unes au boulevard de Port-Royal, les autres dans les rues avoisinantes, et principalement sur la place du Panthéon. Nous étions en plein quartier latin. Il y avait toujours des curieux pour nous voir manœuvrer ; aussi je crois qu'on ne le fit jamais mieux qu'à cette époque. Un jour, entre autres, que notre compagnie se trouvait sur cette même place du Panthéon, et que des officiers de la garde nationale suivaient nos exercices avec attention, ce fut pour nous un stimulant très-vif; aussi l'ensemble, la précision, la bonne exécution ne laissèrent rien à désirer, et nous valurent maintes félicitations.

Ce qu'aimaient surtout nos sous-officiers, c'était l'escrime à la baïonnette. Quelques-uns d'entre eux s'en acquittaient si bien qu'ils auraient volontiers employé à cela tout leur temps d'exercice, si l'on n'avait consulté que leur inclination. Il fallait les voir, plus ou moins alertes, quelques-uns agiles comme des chats, faire voltiger le chassepot avec autant d'aisance que nos vieux zouaves d'Afrique. Cet exercice provoquait, plus que tous les autres, la curiosité des Parisiens, et les volte-face, les coups-lancés excitaient chez eux une admiration qui se traduisait souvent par des rafraîchissements offerts à la pause, politesse fort goûtée du moblot et à laquelle il répondait toujours, comme bien on pense, par une acceptation aussi courtoise qu'empressée.

Ce vieux quartier latin était alors un des plus vivants de Paris. Les établissements d'instruction s'étaient transformés en casernes; ils regorgeaient plus que jamais d'une population toute bouillante de jeunesse. Le boulevard Saint-Michel en recevait un surcroît de mouvement, d'animation, presque un air de fête, si ce dernier mot eût pu être de mise en Septembre 1870! Les cafés du quartier avaient chaque soir une bruyante clientèle des deux sexes; on n'y trouvait place qu'à grand'peine. Les militaires de tous corps et de tous grades s'y coudoyaient, et certaines habituées y complétant une malsaine promiscuité, je vous laisse à penser si la discipline eut souvent à en souffrir. Aussi bien parmi les officiers, toujours plus nombreux à cause de leurs porte-monnaie mieux garnis, que parmi les sous-officiers et soldats, régnaient là un entrain, une grosse gaieté qui, vu l'époque et les appréhensions sans nombre, annonçaient trop d'insouciance pour n'être pas déplacés.

On peut ajouter ceci : un sentiment de dignité personnelle, qui s'éprouve plutôt qu'il ne se définit, aurait dû rendre moins fréquentes certaines exhibitions publiques, à côté ou même au bras d'hommes revêtus des insignes du commandement; tandis qu'au contraire on se serait presque demandé, parfois, si cela n'était pas le complément obligé des plus brillants uniformes de l'armée française.

Notre quartier latin n'avait pas seul le privilége de ces peu édifiants contacts et de cette joyeuse humeur intempestive. Un provincial qui se serait trouvé inopinément, le soir, sur le boulevard Montmartre, n'aurait pu croire qu'il était dans la ville assiégée. Et pourtant l'investissement de Paris était une terrible réalité. Rester malgré cela comme ne paraissant pas s'en douter, continuer de rire, de plaisanter, de folâtrer, quand se préparent inévitablement des privations, des souffrances, des sacrifices, des drames inouis : quels autres que des Français, des Parisiens surtout, seraient capables d'une telle étourderie..... ou d'un tel sang-froid héroïque ? Que chacun choisisse l'épithète qui lui conviendra. Peut-être que le plus juste serait d'accoupler la moitié de l'une avec la moitié de l'autre.

XIII. — EMPLOI DE NOTRE TEMPS DEPUIS NOTRE ARRIVÉE A PARIS JUSQU'A LA SORTIE.

Rapport au Général.

14 *septembre*. — Revue de notre lieutenant-colonel Franceschetti. Le bataillon est placé dans la 4ᵉ division de la garde mobile, groupe de la rive gauche, et toutes nos réunions auront lieu dorénavant sur la place de l'Hôtel-de-Ville du XIVᵉ arrondissement. Un poste de police est organisé à la mairie.

15 *septembre*. — Exercice dans la plaine de Montrouge.

16 *septembre*. — Le matin, exercice au

Emploi du temps 75

même endroit; le soir, distribution à tout le bataillon des effets de campement.

17 *septembre*. — 200 hommes, placés sous les ordres de l'amiral commandant le secteur, prennent la garde à l'église Saint-Pierre (XIVe arrondissement).

18 *septembre*. — 500 hommes viennent relever le poste de l'église Saint-Pierre.

19 *septembre*. — Le bataillon nomme ses officiers au scrutin.

20 *septembre*. — Exercice toute la journée.

21 *septembre*. — Le bataillon se rend à l'École militaire, pour échanger ses fusils à tabatière contre des chassepots. A dix heures du matin, 250 hommes prennent la garde à la porte d'Orléans.

23 *septembre*. — A dix heures et demie du matin, le bataillon prend les armes et sort de Paris par la porte d'Orléans, où il se tient prêt à se rendre, si besoin est, sur le lieu du combat (affaire de Villejuif).

24 *septembre*. — Tout le bataillon vient prendre casernement au collége Rollin, rue des Postes, quartier du Panthéon.

Du 25 au 29 septembre. — Exercice toute la journée.

30 septembre. — A sept heures du matin, les 1re, 2e, 3e et 4e compagnies sortent de Paris par la porte de Choisy-le-Roi. Il y a un engagement de ce côté. Les 1re et 3e restent aux fortifications, et les 2e et 4e sont placées de garde à Ivry, ayant à protéger deux ponts de bateaux sur la Seine. Plusieurs rondes et patrouilles ont été faites pendant la nuit.

1er octobre. — Les compagnies sont relevées de garde à midi, et rentrent à leur casernement.

2 octobre. — Revue du lieutenant-général commandant la division. Il inspecte le casernement.

3 octobre. — Le bataillon est de garde aux portes d'Orléans, de Vanves et de Sèvres.

4 au 6 octobre. — Exercices.

7 octobre. — Promenade militaire dans la plaine en avant du fort de Bicêtre, où nous manœuvrons sous le commandement du chef de bataillon.

9 *octobre*. — Le bataillon est de garde aux portes de Vanves et de Sèvres et à la redoute du Point-du-Jour, sur la Seine. Une reconnaissance, poussée vers le Bois-Meudon, a été faite dans la journée.

10 *au* 12 *octobre*. — On continue à faire l'exercice, en même temps que s'achève l'équipement du bataillon.

XIV. — HORS L'ENCEINTE.

On voit par ce qui précède que, tout bien compté, Paris ne fut pas pour nous une Capoue énervante, mais une sérieuse école de préparation au rude métier que bientôt nous allions faire. Les exercices fréquents et prolongés, et surtout le service des fortifications, ne nous laissaient pas longtemps en repos. Sans que nous courions, en réalité, le moindre danger dans nos grand'gardes d'alors, nous n'étions pas moins dans l'attente d'une prise d'armes à chaque instant, pour repousser quelque attaque de l'ennemi. Mais celui-ci prouva bien, par la suite, son intention formelle de s'en tenir à la défensive; ce qui lui fut d'autant plus facile qu'il avait eu le loisir de fortifier ses positions pendant que nous nous organisions.

On a beaucoup reproché au gouvernement sa prétendue inertie pendant les premiers mois du siége; mais sait-on bien quel fut l'immense travail accompli dans cette période, quand il fallut mettre les forts en état de défense et armer, équiper, instruire, organiser en un mot les cent mille hommes de la garde mobile?

Quelques jours avant le départ du collége, on reçut l'ordre d'égaliser l'effectif des diverses compagnies, ce qui nécessita des versements d'hommes de l'une à l'autre. Ce fut avec beaucoup de peine que ceux qui durent aller renforcer les compagnies trop faibles quittèrent leurs camarades, pour faire partie d'autres pelotons. Que cela se comprend bien! Il était si naturel de se trouver mieux avec les siens, surtout après ce contact de plusieurs mois, d'où étaient nées des sympathies, des camaraderies qu'on n'était pas sûr de retrouver ailleurs.

La veille du départ, nous eûmes à déplorer la perte d'un des nôtres. C'était la première victime; il était mort à l'hôpital, et le pauvre ami laissait une veuve! J'avais obtenu du commandant la permission de l'accompagner au cimetière avec les moblots de son escouade; mais, après avoir fait les démarches nécessaires pour l'inhumation, nous fûmes privés d'y assister, par l'obligation de suivre le bataillon quittant Paris.

Le collége Rollin ne nous laissait pas de regrets; mais notre nouveau cantonnement devait faire un grand contraste avec le quartier latin. La première halte se fit à la place de la Concorde; puis, traversant les Champs-Élysées, il y eut une deuxième pause à la barrière de l'Étoile. A quatre heures, nous arrivions à la porte Maillot, et l'on s'arrêta dans l'avenue du bois de Boulogne. Les tentes se dressèrent de chaque côté du trottoir, et, un quart d'heure après, le campement était établi.

Très-gai, ce petit campement. La nuit était superbe, l'emplacement pittoresque, et les sapins du bois de Boulogne faisaient les frais de nos feux de bivouac. Des étages supérieurs de l'avenue, on jouissait d'un coup d'œil magnifique : au bas, c'était la double ligne des trottoirs illuminés et les mille bruits du campement, auxquels se mêlait la voix tonnante du Mont-Valérien; au loin, vers le sud-ouest, on apercevait l'horizon tout en feu, spectacle très-beau, mais encore plus navrant : c'était Saint-Cloud qui brûlait!

Le lendemain 14 octobre, à dix heures et demie, le régiment continuait sa marche par l'avenue de Neuilly. Arrivé au pont, il suivit à droite la principale rue de Courbevoie, dans laquelle on s'arrêta pour attendre des ordres. Courbevoie était alors d'une tristesse poignante; comme à Champigny lors de notre passage, toutes les maisons étaient fermées, la totalité de la population s'étant rabattue sur Paris. Il y avait des barricades à chaque issue; il nous fallut faire de longs détours pour gagner les bords de la Seine, que nous côtoyâmes jusqu'à Asnières.

Ce qui prouve assez que l'opinion était généralement répandue que les Prussiens tenteraient d'entrer à Paris, c'est la précaution que la défense avait prise trop précipitamment de faire sauter les ponts. Celui d'Asnières était bien triste à voir : ce n'était plus qu'un monceau de ruines ; une arche entière ayant sauté, le tablier, les poutres et les parapets de l'arche voisine étaient béants sur la Seine. Un autre pont qui se trouvait plus loin offrait le même tableau de désolation.

Nous arrivions à Asnières tout impressionnés par la vue de ces désastres, lorsque notre commandant nous fit rebrousser chemin jusqu'aux premières maisons de Courbevoie. Là il procéda par lui-même à l'installation de son bataillon ; voici comment :

Nous étions dans l'avenue Gabrielle, toute bordée de pavillons coquets, dont les grilles étaient fermées.

« Première compagnie, c'est ici votre ca-
« sernement. — Numéros 1, 2, 3, 4, etc. —
« Installez-vous pour le mieux : faites usage

« de ce que vous trouverez pouvant raison-
« nablement vous servir, mais sans jamais
« oublier, mes enfants, qu'hélas! vous êtes
« en France ! »

Ainsi, voilà la guerre! Nous prenions possession de ces charmantes villas, et le pis, c'est qu'il fallait forcer les portes pour y entrer. S'il était permis de hasarder ici une observation, peut-être pourrait-on dire que la permission de se servir de ce que l'on trouverait, beaucoup, faute de la recevoir, se la seraient parfaitement donnée eux-mêmes. Ajoutons que quelques-uns ont parfois donné trop d'élasticité à cette permission, en ont outrepassé les termes en commettant de ces chapardages (terme consacré) que, sans être pourtant rigoriste, on ne peut s'empêcher de flétrir. Il faut en dire autant de certaines détériorations ou destructions, qui ne pouvaient que nuire aux propriétaires sans profiter à personne. Ces réserves faites, motivées qu'elles sont par la conduite de quelques-uns, chacun admet fort bien qu'on ait usé des provisions trouvées ici et là, qu'on n'ait point laissé se gâter le vin découvert dans telle cave, même le champagne et les délicieuses liqueurs déterrés sous telle plate-bande, et qu'on n'ait point couché sur le carrelage nu quand on pouvait se procurer meilleur lit. Nous avons eu trop de privations forcées, mes chers camarades, nous avons enduré trop de souffrances pour ne pas trouver cela tout naturel. Donc ce n'est pas cela que nous blâmons, mais ce que tout honnête homme doit toujours et partout réprouver.

XV. — COURBEVOIE (PREMIER CANTONNEMENT).

Le front de bandière du quatrième bataillon de Seine-et-Marne occupait, sur la route départementale, l'espace compris entre le château de Becon et l'extrémité nord de Courbevoie. La ligne ferrée de Paris à Versailles s'étendait sur tout le parcours de notre casernement, à environ six cents mètres en avant des maisons que nous habitions.

Dans l'hypothèse toujours probable d'une attaque offensive de l'ennemi, on nous fit faire des travaux de retranchement et de fortification dans ces jolies habitations, si peu préparées pour la guerre.

Il s'agissait de créneler les murs, de faire

de larges trouées dans les clôtures pour faciliter les communications d'une propriété à l'autre en cas de besoin, de creuser des tranchées, d'élever des barricades.

Ce fut l'occupation principale des huit premiers jours.

Il y avait aussi un service de grand'garde sur la ligne du chemin de fer. Les nuits commençaient à être très-froides, et le tour de garde arrivait souvent. Cela devenait plus sérieux qu'au bastion; aussi le service se faisait-il très-consciencieusement. Il était sévèrement recommandé de ne pas tirer la nuit à la grand'garde, à moins que ce ne fût à coup sûr. Mais la consigne n'était pas toujours suffisamment observée, et il faillit en résulter de graves accidents.

Un soir qu'un sergent et son caporal s'en allaient relever leurs hommes sur le chemin de fer, un factionnaire eut la maladresse de décharger son fusil. Soit peur, soit désir d'essayer aussi leurs armes, les autres tirèrent de même, et un feu à volonté roula sur toute la ligne. Il était environ neuf heures.

A la deuxième compagnie, c'était fête ce soir-là : on avait trouvé quantité de bouteilles de vin qu'on s'occupait à déguster copieusement ; aussitôt l'alerte donnée, ces dégustateurs envoyèrent, de leurs fenêtres, une bordée sur la ligne du chemin de fer. Pour le coup, on crut sérieusement à une attaque. La plupart des hommes étaient couchés ; en un clin d'œil, tout le monde fut sur pied, à sa place de combat, prêt à exécuter les ordres attendus. Chacun, à n'en pas douter, ressentait sa petite part d'émotion. Un des nôtres était tellement ahuri qu'il se présenta dans le rang ses cartouches à la main, mais ayant oublié...... son fusil; aussi son caporal l'arrangea de la belle façon. Nos officiers supérieurs arrivèrent sur le champ ; ils eurent bientôt reconnu, constaté la cause de cette panique, et l'ordre fut rétabli.

En bonne et sévère discipline, une enquête eût dû être faite le lendemain pour découvrir les premiers coupables ; car leur imprudence aurait pu amener des suites graves. Heureusement, par un hasard providentiel, personne ne fut touché. On ferma donc les yeux sur cette infraction, comme sur tant d'autres.

Nous n'étions encore, il faut le dire, que des novices à ce moment-là, et l'imagination, activée par une certaine dose d'appréhension, en faisait voir à quelques-uns de toutes les couleurs. C'est ce qui explique ce tir affolé, dont il n'y eut plus, dieu merci, d'exemples par la suite.

Tout le bataillon connaît l'histoire de ce moblot qui, sur la ligne du chemin de fer, s'évertuait à décliner ses noms, qualités et domicile, à un... poteau télégraphique. « Ne tirez pas! ne tirez pas! je suis B... de C... »

Ce premier cantonnement nous fut agréable. Les hommes étaient assez bien logés, et malgré la disparition complète de l'élément civil, on ne s'y ennuyait pas. Les heures de répit que nous laissait le service étaient employées aux réunions des uns chez les autres, au jeu, et surtout à la lecture, les habitations que nous occupions étant, pour la plupart, encore garnies de leurs mobiliers.

Il y avait à fournir chaque jour un certain nombre d'hommes en armes pour faire partie de la corvée dite des pommes de terre. L'expédition avait lieu, sous la protection du fort, dans la plaine en avant du Mont-Valérien. Elle était formée de cinq à six cents hommes, quelquefois plus, dont la moitié était armée et placée en tirailleurs, pendant que les autres faisaient la récolte. On rapportait, trophées sinon glorieux, du moins fort estimés, des sacs pleins de ces tubercules, si chers à la popote du soldat.

Le 21 octobre, tandis que chacun vaquait à ses occupations, nous apprîmes que les premier et deuxième bataillon du régiment faisaient partie d'une colonne en marche se dirigeant sur la Malmaison, où une opération était tentée. Dans l'après-midi, les bordées du Mont-Valérien nous firent une impression facile à concevoir : c'étaient nos camarades qui étaient engagés.

Jusque-là, nous désespérions presque de voir notre tour arriver. La mobile de la Côte-d'Or s'était déjà distinguée plusieurs fois, les Vendéens, les Bretons avaient prouvé qu'on pouvait tenir en certaine estime ceux qu'on nommait les moblots. Aussi, sans appeler trop sur nous les balles et la mitraille, nous répétions souvent : « Pourvu que nous voyions cela au moins une petite fois ! »

Fièvre belliqueuse? Non ; mais curiosité naturelle, bonne volonté très-honorable, et surtout légitime satisfaction d'amour-propre. Nous désirions n'être pas des soldats de carton, et ne pas rentrer chez nous sans avoir vu le feu. Il faut convenir que, par la suite, nous fûmes servis plus qu'à souhait.

A l'appel du surlendemain, on lut à l'ordre du quatrième bataillon :

« Le 38e régiment de Seine-et-Marne ayant eu l'honneur de se trouver en présence de l'ennemi, et devant plusieurs fois encore se mesurer avec lui, le colonel veut que les différents faits auxquels il prendra part soient recueillis et consignés, afin de rester comme un gage de ses services et de son dévouement à la Patrie.

« MM. les chefs de corps devront donc se munir d'un livre d'ordres, uniquement affecté à l'historique militaire du régiment de Seine-et-Marne.

« En tête de ce livre seront transcrits les faits exacts de la journée du 21, à laquelle les bataillons de Fontainebleau et de Meaux ont eu l'honneur de prendre part.

« Le 21 octobre 1870, le 1er bataillon (Fontainebleau, commandant de Piolinc), et le 2e bataillon (Meaux, commandant Têtard), sous les ordres du colonel Franceschetti, se sont rendus à Rueil, où le général Berthaud leur annonça qu'ils devaient servir de réserve à la colonne qu'il commandait. Une heure après, une vive canonnade se fait entendre. Le général donne alors au colonel l'ordre de se porter rapidement sur les hauteurs qui se trouvent entre Bougival et la Malmaison.

« Suivant la route qui longe le parc de la Malmaison, le 38e régiment, conduit par le colonel, arrive au point culminant de la route, d'où il aperçoit l'ennemi, qui faisait un feu terrible sur les tirailleurs des divers régiments ; placé sur une ligne perpendiculaire à la direction suivie, le 38ᵉ régiment avait pour mission de soutenir ces tirailleurs.

« Le colonel, après avoir par lui-même reconnu les positions de l'ennemi, donne au commandant de Piolinc l'ordre de porter la tête de son bataillon à quelques pas des tirailleurs déjà engagés, et dirige sa ligne de manière à pouvoir découvrir tout le versant du mamelon, au pied duquel était massé l'ennemi.

« Aussitôt, le colonel ordonnant le même mouvement compagnie par compagnie, tout le bataillon, déployé en avant en bataille, couvre de son feu la position tout entière ; les soldats des différents corps qui n'avaient pas encore brûlé leurs dernières cartouches, accourent spontanément grossir le nombre des combattants.

« La vivacité de notre feu contre les tirailleurs ennemis, fit alors sortir du ravin trois colonnes massées par division à 150 mètres les unes des autres.

« A ce moment, au milieu du feu et de la fumée, craignant que ces masses ne fussent des Français, le colonel se jette au-devant de sa ligne de bataille et fait cesser la fusillade.

« Mais bientôt l'ennemi, reprenant confiance, revient sur ses pas. Le reconnaissant alors, nos tirailleurs ouvrent de nouveau contre lui un feu nourri, qui lui fait subir des pertes sérieuses, et l'oblige à chercher un abri dans ce même ravin d'où il était sorti tout d'abord.

« La journée s'avançait, l'heure de la retraite avait sonné ; le bataillon de Meaux, retenu par ordre comme dernière réserve, eut le chagrin de n'avoir pu prendre, comme ses camarades de Fontainebleau, une part active à la lutte qui a terminé la journée.

« La conduite de tous est digne d'éloges ; l'entrain, le sang-froid que chacun a montrés dans cette journée fait honneur au pays ; le colonel est fier de le dire et de le faire savoir au département tout entier.

« Dans cette journée, le capitaine Garnier est mort au champ d'honneur, au moment où il entraînait sa compagnie au-devant de l'ennemi. MM. de Balloy et Moisant, lieutenants, ont disparu au milieu de la fusillade; trente-huit sous-officiers ou soldats sont tombés sur le champ de bataille, morts ou blessés. Le bataillon gardera pour ces braves un souvenir d'honneur et d'admiration; car s'ils ont succombé, ils lèguent au département une dette de reconnaissance ineffaçable. Le commandant de Piolinc a montré, au moment de la retraite, qu'il était bien digne de commander à ces braves soldats.

« Le colonel a perdu son cheval, atteint de trois coups de feu pendant que, sous les balles ennemies, il dirigeait le régiment. »

Ainsi, nos frères d'armes de Fontainebleau avaient reçu le baptême du feu, et l'avaient reçu dignement, ce qui ne faisait qu'accroître chez nous le désir d'avoir enfin notre tour. Les plus braves n'attendaient pas les ordres. Dans l'intervalle des exercices, à l'insu de leurs officiers, ils partaient le fusil sur l'épaule, en se dérobant aux lignes d'avant-postes, et s'aventuraient à la découverte des casques prussiens.

Sentiment très-louable, impatience qui les honore, mais qu'il ne faut pas moins blâmer, attendu que le zèle dépensé si témérairement est toujours inutile, et souvent préjudiciable. Quelques hommes de notre compagnie furent salués des balles ennemies sur le bord de la Seine, près d'Argenteuil, et n'eurent que le temps de s'esquiver au plus vite. Ils n'en étaient pas moins contents d'avoir entendu cette musique. Dans le troisième bataillon, qui était à notre droite, quelques soldats furent atteints. La leçon profita, et les escapades belliqueuses cessèrent.

Répétons en passant que c'était toujours les mêmes hommes qui montraient cette ardeur, et ajoutons qu'elle ne se démentit pas dans les sérieuses occasions où il leur fut donné de se trouver.

Notre compagnie ne quittera pas ce premier casernement de Courbevoie sans envoyer un souvenir affectueux à un digne homme, notre voisin, qui eut pour nous des attentions vraiment délicates. Monsieur Nannan, directeur du journal l'*Orchestre*, était un des rares habitants restés à Courbevoie, peut-être le seul à ce moment-là. Il n'avait pas voulu abandonner aux allants et venants, sans la protéger autant que possible de sa présence, la charmante propriété fruit de son travail. Comme nous l'avons déjà dit, les troupes françaises de toutes armes, lignards, zouaves, mobiles, francs-tireurs, etc., n'étaient pas toujours des locataires usant de toutes les délicatesses et de toutes les précautions désirables. M. Nannan surprit un jour des maraudeurs escaladant les murs de son potager, où ils venaient faire leur provision de choux. Au lieu de les recevoir comme beaucoup d'autres l'eussent fait à sa place, il les invita tout paternellement à lui demander ce dont ils auraient besoin, plutôt que de se servir eux-mêmes. Ce procédé désarma les malintentionnés, et sa propriété fut dorénavant respectée.

Les communications avec Paris étaient

presque impossibles; il avait fallu se pourvoir de provisions chez soi pour n'en pas manquer. Le pain surtout faisait défaut à notre bon voisin; au moyen d'une transaction, nous lui en fournîmes en échange de ses légumes, une fois même, le croira-t-on? en échange... d'un lapin!

Quel festin ce jour-là! et comme la folle gaieté qui est le fond du caractère français prit son essor, assaisonnée d'un tel fricot, à une époque où l'on commençait à en oublier le goût!

XVI. — PUTEAUX. — LE MOULIN DES GIBETS.

C'est le 25 octobre que le bataillon vint prendre son nouveau casernement à Puteaux, sur le bord de la Seine, la gauche à un kilomètre environ du pont de Neuilly, et la droite dans les premières maisons du quai.

Casernement bien plus vivant qu'à Courbevoie. Au moins on y voyait des passants habillés autrement qu'en soldats; une personne du sexe n'y était pas montrée comme une curiosité rare, ce qui serait arrivé à Courbevoie, tant le pays était dépeuplé de tous autres que nous. La circulation était là très-active; les charretiers, les soldats, les curieux, les marchands de denrées, de liquides, de comestibles plus ou moins problématiques, tout ce monde-là criant, courant, jurant, donnait au pont de Neuilly la plus grande animation.

On n'avait pas loin pour faire sa lessive. Le matin, comme de bonnes ménagères, les moblots s'alignaient sur la berge et frottaient à l'envi. Ah! si leurs parents avaient pu les voir à cette besogne, comme ils eussent ri de bon cœur! Leurs fils, dont l'éducation, les études ou l'apprentissage préalables avaient eu pour but toute autre chose que le blanchiment du linge, s'en tiraient pourtant à merveille. La nécessité rend industrieux.

L'appel se faisait à midi, devant le casernement de chaque compagnie; et le service consistait à fournir un poste de police pour le bataillon, un pour la garde du pont de bateaux établi sur la Seine, un à la manutention, et le quatrième à l'octroi. Mais là n'était pas le principal.

Sur le versant Nord-Ouest du Mont-Valérien, le génie fit construire une redoute à mi-pente et dans le contre-bas, dominant les villages de Rueil et de Nanterre, au lieu dit le moulin des Gibets. Les travaux de cette redoute furent très-importants, et le bataillon y fut employé chaque jour, du 25 octobre au 13 novembre. On fournissait une corvée d'hommes employés, soit comme travailleurs, soit comme tirailleurs pour protéger ceux-ci. Il y eut, entre autres, une nuit de garde qui, chacun s'en souvient, fut affreusement pénible. Ce fut celle du 10 au 11 novembre. Il avait plu toute la journée, et le sol argileux, plus meuble et difficile encore après qu'on l'eût travaillé, s'était détrempé tellement que l'on se trouvait dans un cloaque abominable, d'où les pieds ne s'arrachaient qu'avec mille peines. Dans le jour, on se fût encore tiré d'affaire ; mais la nuit ! Il fallut rester là sans feu, forcément debout et presque immobile, sous une neige fondue qui, ne cessant de tomber à gros flocons, finissait par vous glacer jusqu'à la moelle des os. Ajoutez un service de garde aussi pénible que sérieux, puisque nous étions en première ligne, et ne croyez pas

Puteaux. — Le moulin des Gibets

exagéré le tableau désolant que les moblots pourront vous faire de cette nuit cent fois maudite.

Du moulin des Gibets, nous avons vu les premiers Prussiens, à l'aide de lorgnettes, il est vrai ; on distinguait aisément leurs factionnaires, qui du reste ne cherchaient pas à se dissimuler et ne nous inquiétèrent en aucune façon.

Qu'il était pénible de penser que l'horizon ne nous appartenait pas !

Là-bas, dans cette presqu'île de Gennevilliers, ces beaux villages, ces bois, ces coteaux, ce n'est plus la France ! Tout cela est souillé, ravagé par les hordes ennemies, par les mohicans stratégistes, comme ils furent si bien nommés. Mais là, derrière nous, c'est Paris ! Paris qui se réveille, travaille, s'organise, et qui, au moment du grand jour, saura bien traverser cette ligne de fer et de feu, et rendant à notre cher drapeau son ancien prestige, nous conduira enfin à la victoire tant désirée !

Ainsi pensions-nous ; ainsi, pleins de confiance, attendions-nous chaque jour le moment décisif. Quelle déception cruelle devait être la fin de cette horrible lutte !

Une impression que je n'oublierai pas de constater est celle-ci : un jour nous fûmes relevés, aux travaux du moulin, par diverses compagnies du 1er bataillon de notre régiment, ce bataillon de Fontainebleau qui avait combattu à la Malmaison. On les regardait défiler avec un sentiment qui n'était, si l'on veut, ni de la déférence, ni de l'envie, ni de l'admiration ; mais on leur sentait une certaine supériorité consacrée par le baptême du feu, et on ne pouvait s'empêcher de se considérer comme n'étant, à côté d'eux, que de simples conscrits. On voyait très-bien l'emplacement où ils avaient donné le 21 octobre, et ce bataillon ne manquait pas de Briards un peu Gascons, pour enjoliver le récit de la journée aux oreilles des nôtres, qui n'en perdaient pas une syllabe, et n'en désiraient que plus d'être bientôt mis à même de pouvoir aussi raconter, gasconner à leur tour.

Il y avait dans notre bataillon beaucoup de jeunes gens qui, précédemment, faisaient partie de sociétés musicales. Notre commandant eut la bonne pensée de former parmi nous un orphéon. Le lieutenant de la cinquième compagnie en eut la direction et organisa les répétitions. Cette distraction avait commencé à produire un effet moral excellent ; elle employait d'une manière agréable, réconfortante, les heures de loisir ; mais elle ne dura, cela va sans dire, que jusqu'à l'entrée en campagne du bataillon, ce qui ne se fit plus attendre longtemps.

Nous avons eu deux prises d'armes étant à Puteaux : la première, le 25 octobre, fut pour désarmer une compagnie de francs-tireurs qui menaçaient de se révolter ; heureusement tout se passa sans trop d'encombre. La seconde, le 31 octobre, fut pour marcher sur Paris.

L'ennemi à nos portes avait son puissant allié au sein même de la capitale ; dans ces instants suprêmes où tous les cœurs auraient dû n'avoir que le mot de patrie pour ralliement, il s'est trouvé des hommes, des Français indignes de ce nom, qui, aux applaudissements de l'Allemagne tout entière, osèrent menacer l'ordre, compromettre et enfin détruire l'entente générale, qui seule pouvait nous sauver !

Le bataillon mit sac au dos à dix heures du soir, et après avoir formé les faisceaux, on resta debout, sur le bord de la Seine, jusqu'à minuit et demi. Comme cette affreuse perspective d'avoir à marcher contre des Français, des frères égarés, faisait mal au cœur, et quel triste augure on en tirait parmi nous ! Cette affaire, Dieu merci, fut encore apaisée sans notre intervention.

La reprise du Bourget et les nouvelles de la capitulation de Metz, annoncée par le journal *le Combat*, furent, dant leur fatale coïncidence, la cause ou plutôt le prétexte de cette journée du 31 octobre.

Certes, les manifestants ne méritent pas tous la même réprobation. Sans doute qu'il y eut de vrais patriotes ne se montrant là que pour tirer le Gouvernement de la défense nationale de ce qu'à tort ou à raison l'on appelait son apathie, et qui croyaient obtenir ainsi la sortie en masse dont ils espéraient tout. Mais ceux-ci n'étaient-ils pas en minorité? et l'élément principal ne se composait-il pas de ces autres qui devaient plus tard, gens atroces s'ils n'ont pas été fous, porter le dernier, le plus terrible coup à la patrie expirante?

O Parisiens ! vous dont l'attitude pendant le siége mérita si bien l'admiration de tous les gens de cœur, Français ou autres; vaillante population qui supportas si dignement, stoïquement, héroïquement le froid, la faim, toutes les misères et tous les sacrifices; qui t'immortalisas à Montretout ; fallait-il que plus tard ton indifférence, ta défaillance de lion blessé au cœur, laissât une poignée de misérables maculer d'une tache ignoble la plus belle page de ton histoire !

Mais revenons à Puteaux.

Nos derniers jours n'y furent pas sans incidents. Il y eut encore des commencements de prise d'armes le 1er et le 8 novembre;

deux alertes : la première de nuit, je ne me souviens plus trop pourquoi, et la seconde pour marcher à l'ennemi ; mais nous reçûmes contre-ordre en route et ne fîmes ainsi que des promenades militaires.

Un voyage à Paris semblait bon en ce temps-là ; les permissions accordées ne suffisaient pas à beaucoup, et la fraude se pratiqua sur une grande échelle. Les uns suivaient une voiture jusqu'aux fortifications, et là se faisaient passer pour gens d'escorte; d'autres se cachaient dans un chargement quelconque, et la garde nationale, qui faisait le service des portes, ne voyait pas ou fermait souvent les yeux sur cette contrebande nouvelle, à la grande joie des délinquants. Chaque compagnie disposait de cinq permissions par jour, et il y avait quelquefois vingt postulants. Pour empêcher les soupçons de préférence à ce sujet, les sergents-majors de certaines compagnies dressaient un état indiquant les fautes de chaque homme, telles que maraudage, manque à l'appel ou à la prise d'armes, etc., et cela faisait refuser ou ajourner les permissions, dont les autres profitaient à tour de rôle. Enfin l'on s'y prenait le mieux qu'on pouvait pour que tout se fît avec justice, de manière à contenter au moins les plus raisonnables.

Le 12 novembre, le lendemain de notre nuit à la redoute du moulin des Gibets, monsieur de Courcy fut nommé lieutenant-colonel, et passa une dernière revue comme chef de notre bataillon. Il avait fallu un rude nettoyage de l'armement et de l'habillement, après une telle nuit ; mais chacun avait eu à cœur de se montrer en bonne tenue à cette occasion, pour recevoir l'adieu sans reproches du bien-aimé commandant monté en grade.

De son côté, notre commandant aimait beaucoup ce bataillon de Provins qu'il avait formé. Ceux des hommes que son extérieur, son parler, toutes ses habitudes militaires avaient un peu effarouchés au début, avaient peu tardé ensuite à le bien connaître, d'où vinrent l'unanimité de son élection, dont j'ai parlé, et nos sincères regrets quand il nous quitta.

Voici comment notre nouveau lieutenant-colonel exprima au 4ᵉ bataillon de Seine-et-Marne que nos sentiments d'estime et d'affection étaient par lui payés de réciprocité :

« Officiers, sous-officiers et soldats,

« Promu à un grade supérieur, si j'en suis
« fier, la pensée de ne plus vivre au milieu
« de vous autant que par le passé ne me
« laisse pas sans regrets. Je me suis attaché
« au bataillon de Provins comme à ma fa-
« mille, et l'honneur que j'ai eu d'être à vo-
« tre tête restera toujours dans mon cœur
« comme un des meilleurs souvenirs de ma
« vie.

« Étant votre commandant, j'ai fait de
« mon mieux pour l'honneur de la jeunesse
« de mon pays et pour celui de notre mal-
« heureuse patrie. Votre conduite, votre ap-
« titude vous ont mérité une noble réputa-
« tion parmi tous les autres bataillons. Je

« veux vous remercier de m'avoir rendu
« aussi facile la tâche qui m'a été confiée.

« Conservez le bon esprit qui vous anime,
« et quelles que soient les phases par les-
« quelles vous passerez, soyez toujours ja-
« loux de votre honneur.

« De l'autre côté des lignes ennemies, bien
« des regards, bien des pensées vous suivent,
« et vos familles veulent être fières de vous.

« Officiers, sous-officiers et soldats, tel
« vous avez connu votre ancien comman-
« dant; tel vous retrouverez votre nouveau
« colonel, le premier à partager vos joies
« comme vos fatigues, vos dangers comme
« vos succès. Et si maintenant son autorité
« s'étend sur plusieurs bataillons, il veut
« pouvoir, avec orgueil et justice, citer par-
« tout aux autres comme modèle son beau
« et brave bataillon de Provins, auquel de
« cœur il appartiendra toujours. »

Jusqu'à la nomination du nouveau commandant, le capitaine Guillebaud, de la cinquième compagnie, en remplit les fonctions.

XVII. — LA CASERNE.

Le capitaine Guillebaud, commandant par intérim, nous fait quitter Puteaux le 14 novembre et nous installe dans la caserne peu éloignée de Courbevoie. Décidément le bataillon n'aime pas cette vie de caserne. Nous nous plaignions du collége Rollin; mais c'est bien autre chose ici. Une partie des bâtiments est déjà occupée par des artilleurs, et une autre par les zouaves dont nous serons bientôt les compagnons d'armes. Celle que nous habitons ne laissera pas d'agréables souvenirs aux moblots. On y pénètre par une brèche faite dans un mur, l'entrée principale étant interceptée par une barricade. Pour arriver à cette brèche, on risque de se laisser choir dix fois, tant la boue est épaisse et glissante. L'entrée n'est pas trompeuse; elle annonce bien le peu de confortable qu'on trouve à l'intérieur. Les chambrées n'ont plus de châlits; il faut coucher par terre. Si encore c'était du parquet ou un carrelage sain; mais non, c'est un bitume suintant, humide, infect! Aussi que de rhumes, de fièvres, d'indispositions ou maladies de toutes sortes! Mieux aurait valu, certes, coucher sur la terre nue que dans cet affreux taudis. Et cela dura quatorze jours, ce qui n'était pas le plus dur, mais aussi quatorze nuits.

Courbevoie était bien changé depuis que nous y avions séjourné; on finissait par ne plus croire à une attaque des Prussiens; les maisons s'étaient repeuplées, les boutiques s'étaient rouvertes, et les débitants de boissons faisaient un commerce dont l'importance s'explique aisément.

Les moblots s'acharnèrent à cette époque dans une guerre à outrance, impitoyable, sans trêve ni merci, et sans respect du droit des prisonniers. Tout malheureux tombé entre leurs mains était aussitôt passé par les armes; même on ne se contentait pas de le tuer, pas même de le scalper ensuite; on lui enlevait toute la peau qui, trophée barbare! se voyait à la fenêtre du vainqueur, lequel vantait ainsi et faisait envier son effroyable exploit; et le reste du cadavre, horrible aveu!.... on le mangeait!

Pauvres chiens! pauvres chats! pauvres n'importe quoi! Et dire que pour tout cela, ce n'est pas sur vous que l'on s'apitoie, innocentes victimes! mais sur les sacrificateurs. Oui, c'est nous qu'on a plaints de vous avoir mangés en gibelottes. Qu'en doivent penser vos mânes? Ah! sachez-le du moins; plus d'un parmi vos anciens bourreaux, se rappelant ce qu'il a fait de vous autrefois, en a souvent éprouvé des remords..... d'estomac.

Mon Dieu oui, un chien faisait alors la joie d'une escouade, un chat était sûrement le bienvenu à la meilleure popote d'officiers.

Nous étions loin du temps où chacun de nous hésitait à manger du cheval !

Eh bien ! on éprouve une vraie satisfaction à pouvoir se dire aujourd'hui : « Oui, j'étais du siége ; j'ai eu ma part de toutes ces misères ; j'ai supporté sans trop me plaindre toutes ces privations, tout cela pour la grande cause de la défense poussée jusqu'aux extrêmes limites du possible, tout cela pour l'honneur, sinon pour la délivrance du pays. » Ce que toute la population parisienne, y compris femmes, enfants, vieillards, endura avec cette résignation courageuse qui lui fera toujours le plus grand honneur, nous ne sommes pas plus fiers qu'il ne faut de l'avoir enduré nous-mêmes ; mais enfin, je le répète, nous en sommes contents.

Le bataillon, qui faisait partie de la brigade Colonieu, division de Bellemare, assista le 20 novembre, sur la grande avenue de Courbevoie, à une revue passée par le colonel commandant cette brigade. Il fut ensuite exercé au tir à la cible dans les carrières de Nanterre.

Pendant ces quatorze jours à la caserne, nous fûmes souvent employés à l'achèvement de la redoute du moulin des Gibets et à la construction de celle de Charlebourg.

Le 25, trois compagnies furent envoyées près d'Argenteuil pour travailler à un chemin couvert. Les Prussiens, dont nos travailleurs n'étaient séparés que par la Seine, ont plusieurs fois tiré sur eux.

Il y eut encore, vers ces jours-là, une nouvelle prise d'armes. On comptait bien sur un sérieux engagement; mais nous en fûmes quittes pour une simple alerte.

Dans la journée, les hommes non occupés ailleurs continuaient d'être exercés dans la cour de la caserne. Ce furent nos derniers exercices, en attendant la mise en pratique devant l'ennemi.

Le 19 novembre cessa l'intérim du commandement confié au capitaine Guillebaud. Les officiers élurent comme précédemment leur chef de bataillon, et le capitaine Arnould, de la sixième compagnie, recueillit l'unanimité des suffrages.

Il y avait aussi, dans certaines compagnies, des vacances d'officiers qui furent remplies de même. Cette mise au complet de nos cadres annonçait que le moment du départ était proche. L'ordre du 25 novembre ne laissa plus de doutes à cet égard.

« La brigade sous les ordres du colonel
« Colonieu, moins un bataillon de Seine-et-
« Marne (le troisième), partira dimanche 27
« après la soupe du matin. On lui fera con-
« naître directement plus tard la direction
« qu'elle doit avoir. Samedi, elle réunira dans
« la journée huit jours de vivres, dont deux
« de pain et six de biscuit. Les hommes
« n'emporteront dans le sac que les vivres,
« les cartouches, une chemise, une paire de
« guêtres, une paire de souliers de rechange
« et la tente-abri.

« Les demi-couvertures seront versées à
« l'intendance en même temps qu'on pren-
« dra les vivres.

« Les petits ballots seront réunis par com-
« pagnie et placés, pour chaque régiment,

« sous la garde d'un officier, deux sergents,
« quatre caporaux, et cent hommes pris
« parmi les malingres et ceux qui ne peu-
« vent pas marcher. »

Il fallait un effectif de mille hommes par bataillon. On procéda aussitôt à la composition du petit dépôt, formé des hommes malingres, et cette opération délicate se fit, nul ne le contestera, pensons-nous, avec le plus d'impartialité qu'il fut possible.

Chaque compagnie fournit son contingent de 125 hommes.

La distribution des vivres de campagne commença le samedi soir, et ce ne fut pas une mince besogne. Il y avait un tel encombrement à l'intendance, et l'on s'y prit si tard, que l'on dut s'en occuper toute la nuit dans la caserne.

Une décision ministérielle du 12 novembre venait de réduire considérablement la ration journalière de chaque homme : triste résultat du blocus au moment où allaient commencer pour nous les fatigues de la vraie campagne. Cette ration ne comprenait plus que 100 grammes de viande fraîche au lieu de 180, et 80 grammes de salaison au lieu de 150.

Le grand jour se préparait où le bataillon allait entrer dans une phase autrement émouvante et accidentée que jusqu'à présent. A la période de formation, d'organisation et d'instruction, allait succéder enfin la période d'application. Ce que nous avions vu n'était que le prologue du grand drame aux différents actes duquel nous allions maintenant concourir personnellement, drame aux péripéties comme nul autre n'en put jamais offrir tour à tour de plus anxieuses, de plus terribles..... et de plus navrantes, pour aujourd'hui qu'on en connaît le dénouement.

DEUXIÈME PARTIE

LA CAMPAGNE.

---

1. — EN AVANT..... MARCHE.

Allons, sac au dos..... dépêchons..... à l'appel !

Nous quittons Courbevoie. A dix heures et demie, la huitième compagnie sort de la caserne ; nous stationnons quelques minutes au pont de Neuilly, et le bataillon, clairons en tête, s'ébranle dans la direction de Paris.

Nous avons touché les rations de huit jours, et le sac est garni de tout l'indispensable pour entrer en campagne. Vivres, habillement et armement, on est pourvu de tout. Ainsi chaque homme porte 24 biscuits, le riz, le lard, les conserves, le café, le sucre et deux jours de pain : voilà pour les vivres. En fait d'habillement et d'équipement : une chemise, un mouchoir, une paire de souliers, la tente-abri avec ses bâtons et ficelles, les piquets appelés harengs, la gamelle, la marmite, la grande gamelle de campement, le moulin à café, la hachette d'escouade. Ajoutez 108 cartouches, la boîte et la brosse à graisse, les aiguilles et rondelles de rechange, la trousse contenant fil, aiguilles, etc., le nécessaire d'armes, le livret : tout cela formait un poids qu'on peut évaluer à 25 kilogrammes.

Le défilé dans Paris s'exécute en bon ordre jusqu'au faubourg Saint-Antoine. Nous rencontrons nombre de gens connus qui viennent nous serrer la main. Ce sont principalement nos compatriotes émigrés à Paris, qui veulent saluer au passage les enfants de Seine-et-Marne, et ce n'est pas sans émotion que l'on se dit adieu. « Au revoir, les amis ! bonne chance ! à bientôt ! » Tels étaient, de la part de tous, les derniers mots à notre adresse.

Comment ne pas penser aux siens en ce moment, aux siens restés là-bas ou disséminés partout ! Comment ne pas se rappeler le temps heureux où l'on voyait ces mêmes personnes dans des circonstances si différentes, et où elles nous voyaient, elles aussi, tout autres qu'aujourd'hui !

Assez de sentiment, du courage, soyons hommes ! C'est pour la grande sortie. Peut-être dans quelques jours serons-nous près de ces familles chéries qui nous attendent là-bas.

Et le pas de reprendre son assurance, les conversations leur entrain, et la gaieté sa place d'honneur, place qu'elle aura toujours et quand même dans les rangs de l'armée française.

A la Bastille, l'ordre commence à laisser à désirer. L'étape est si longue, le pavé si gras, tant d'amis et de rafraîchissements sont rencontrés en route! Obtenir un alignement irréprochable est de plus en plus difficile. A la dernière pause, au faubourg Saint-Antoine, les retardataires sont déjà nombreux ; lorsqu'on oblique à gauche, sur Montreuil, la marche devient très-pénible et il en reste davantage en route. Il y en a de tellement alourdis, ceux-ci par la fatigue, ceux-là par une autre cause que trahit leur visage rubicond, qu'une fois assis sur le bord du fossé, ils y font élection de domicile pour ne rejoindre le bataillon que le lendemain.

Il est nuit noire lorsque nous arrivons dans un terrain, près de la route stratégique, où nous devons camper. Le sol est détrempé par les pluies de la veille ; on forme les faisceaux dans la boue, et nous entendons l'ordre de dresser les tentes. Dresser les tentes, quel agrément! Harassés par une étape si longue, si pénible avec un tel chargement, et arriver à la nuit pour camper, la première fois, dans ces conditions! « O prévoyante sollicitude des grands chefs, disions-nous! Il était pourtant si facile de partir deux heures plus tôt ! Au moins on aurait vu clair à s'organiser de meilleure façon pour atténuer les rigueurs de la situation ! » Peut-être, après tout, que nous avions tort dans nos plaintes, et qu'on avait eu de bons motifs pour nous causer, à nous, ce surcroît de tribulation. Obéis, soldat, et ne juge point.

Enfin c'est le commencement de la campagne ; il faut se décider à dresser les tentes ; on allume les feux, la cuisine se mitonne et s'ingurgite ; après quoi l'on s'étend sur la terre molle, où la fatigue ne tardant pas à suppléer le confortable, on s'endort bientôt en rêvant au lendemain.

On se réveille souvent, il est vrai, et nous nous souvenons de la gaieté bruyante d'un caporal de la première compagnie, qui ne trouve rien de mieux, en pareille situation, que de chanter toute la nuit des improvisations de circonstance, avec une verve toute gauloise. Heureux caractères que ceux-là ! Chanter, rire d'autant plus fort, plus étourdiment, qu'on est plus misérable ! Il suffit d'un tel homme par escouade pour remettre tous les autres en belle humeur, l'entrain étant aussi communicatif que le découragement est contagieux.

Je ne quitterai pas ce caporal sans ajouter que, ce qu'il fut cette nuit-là sous la tente, il le fut toujours et partout, même pendant les plus terribles affaires auxquelles nous assistâmes ; et notons qu'en toutes ces affaires, lui et ses frères en bravoure étaient vus constamment aux endroits…… où les prudents se gardaient bien d'aller.

Ce n'est pas sous la tente qu'il fait bon se prélasser le matin. Dès la pointe du jour tout le monde est debout, et nous pouvons nous rendre compte de la position que nous occupons.

De l'autre côté de la route se trouve un petit camp de chasseurs, le même que nous avons remarqué en arrivant à Noisy. Dans le bas de la pente, à droite, c'est le village de Rosny, en avant duquel se développe le plateau d'Avron, à gauche le fort de Noisy-le-Sec, et en face de nous la redoute de la

Boissière. Dans l'après midi, on distribue à chaque compagnie la proclamation du général Ducrot.

« Soldats de la 2ᵉ armée de Paris,

« Le moment est venu de rompre le cercle
« de fer qui nous enserre depuis trop long-
« temps et menace de nous étouffer dans une
« lente et douloureuse agonie! A vous est dé-
« volu l'honneur de tenter cette grande entre-
« prise; vous vous en montrerez dignes, j'en
« ai la certitude.

« Sans doute, nos débuts seront difficiles ;
« nous aurons à surmonter de sérieux obs-
« tacles ; il faut les envisager avec calme et
« résolution, sans exagération comme sans
« faiblesse.

« La vérité, la voici : dès nos premiers pas,
« touchant aux avant-postes, nous trouve-
« rons d'implacables ennemis, rendus auda-
« cieux et confiants par de nombreux succès.
« Il y aura donc là à faire un vigoureux
« effort; mais il n'est pas au-dessus de vos

« forces. Pour préparer votre action, la pré-
« voyance de celui qui nous commande en
« chef a accumulé plus de 400 bouches à feu,
« dont les deux tiers au moins du plus gros
« calibre; aucun obstacle matériel ne saurait
« y résister, et pour vous élancer dans cette
« trouée, vous serez plus de 150 000, tous
« bien armés, bien équipés, abondamment
« pourvus de munitions et, j'en ai l'es-
« poir, tous animés d'une ardeur irrésis-
« tible.

« Vainqueurs dans cette première période
« de la lutte, votre succès est assuré, car
« l'ennemi a envoyé sur les bords de la Loire
« ses plus nombreux et ses meilleurs soldats ;
« les efforts héroïques et heureux de nos
« frères les y retiennent.

« Courage donc et confiance ! Songez que,
« dans cette lutte suprême, nous combattons
« pour notre honneur, pour notre liberté,
« pour le salut de notre chère et malheu-
« reuse patrie, et si ce mobile n'est pas suffi-
« sant pour enflammer vos cœurs, pensez à
« vos champs dévastés, à vos familles ruinées,

« à vos sœurs, à vos femmes, à vos mères dé-
« solées !

« Puisse cette pensée vous faire partager
« la soif de vengeance, la sourde rage qui
« m'animent, et vous inspirer le mépris du
« danger !

« Pour moi, j'y suis bien résolu, j'en fais
« le serment devant vous, devant la nation
« tout entière ; je ne rentrerai dans Paris
« que mort ou victorieux ; vous pourrez
« me voir tomber, mais vous ne me verrez
« pas reculer. Alors, ne vous arrêtez pas,
« mais vengez-moi.

« En avant donc ! en avant ! et que Dieu
« nous protége !

« Paris, le 28 novembre 1870.

« Le général en chef de la 2ᵉ armée de Paris,

« A. Ducrot. »

La lecture de cette proclamation soulève
un enthousiasme indescriptible. On ne se
dissimule pas les difficultés, mais on a bon
espoir dans le succès de la grande opération.

A ce monument historique, on a reproché amèrement, depuis, certaine phrase renfermant une promesse non réalisée, dit-on. Que ces braves à outrance — braves au coin de leur feu, pour la plupart — se rendent au moins compte du but atteint : les soldats de la 2ᵉ armée de Paris allaient marcher au combat dans les meilleures dispositions morales, et cela n'était dû qu'à l'éloquente, à l'entraînante proclamation du général Ducrot..... qui n'est pas rentré mort, c'est vrai, mais qui, de ses talents militaires et de sa personne, fit tout le possible pour être victorieux. Tel est du moins ce que j'entendis répéter souvent par des juges compétents et de bonne foi.

II. — LA NUIT DU 28.

Si une date ne doit pas s'effacer de notre mémoire, c'est certainement celle-là. Nous levons le camp à quatre heures et demie et suivons, sur la route stratégique, la tête du régiment qui descend à Rosny. Devant l'église, nous faisons une pause, et la mobile de Paris, qui occupe ce cantonnement de Rosny, nous envoie ses encouragements au passage. « Quel régiment ? — Seine-et-Marne. — A demain, camarades ; c'est le grand coup ; nous serons là aussi ! » Et l'on échange une poignée de main avec ces inconnus dont le cœur bat à l'unisson du nôtre. Pas de ces éclats de voix, de ces gros rires, de ces fanfaronnades dont le goût est douteux; chacun a confiance; il est si |bon d'espérer ! mais on se recueille dans un silence imposant.

Nous nous engageons dans un chemin creux défoncé par le passage de l'artillerie et des équipages militaires, et nous sommes obligés de nous y arrêter assez longtemps, pendant que les autres troupes de la division prennent position sur le versant Est du fort de Rosny. Un officier d'ordonnance apporte l'ordre d'avancer, et nous arrivons dans un terrain planté de choux que limite la ligne du chemin de fer. Nous y devons stationner en attendant le jour. On forme les faisceaux, et il est défendu expressément d'allumer le moindre feu. Ce défilé de troupes silencieuses, le roulement du matériel de guerre, cette nuit belle et calme, l'appréhension si naturelle que chacun éprouve en se trouvant, première fois, à la veille d'un grand combat, tout cela vous remplit d'une émotion indéfinissable qu'aucun ne saurait vaincre entièrement. Ces impressions-là se ressentent et ne s'analysent pas.

Ainsi, la voilà cette mobile dont on avait tant dit, surtout en mal ; cette nouvelle institution militaire, cette armée vraiment nationale qui, sérieusement organisée plus tôt, aurait pu rendre de si grands services, empêcher beaucoup de nos défaites, et finalement peut-être nous sauver. Mais qui donc avait surtout dénigré, tourné en dérision cette pauvre mobile? Nos parents d'abord, qui nous élevaient dans la pensée que nous ne serions jamais soldats..... et nous avec eux. Soldats ! pourquoi faire ? disaient-ils et disions-nous. Qu'on laisse aux plus pauvres du peuple ce triste privilége.

Pères qui savez maintenant ce qu'est la guerre, et nous qui le savons mieux encore, ayant passé par les rudes épreuves de cette campagne, puissions-nous tous refouler à jamais cet égoïsme malsain qui nous a conduits où nous sommes. Qu'aucun Français, pour quelques billets de mille francs ou pour nulle autre cause, ne puisse être dorénavant dispensé d'apprendre à défendre son pays dès que besoin sera. Et quand tous accompliront ce premier devoir civique, initiant à beaucoup d'autres, quand tous seront ainsi rentrés dans les sévères principes de l'honnêteté, de la justice, du vrai patriotisme; oh! alors, plus de confiance en nous-mêmes et bonne conscience nous rendront difficiles à vaincre!

Mais revenons à nos moblots, assis, entourant leurs faisceaux, et s'enveloppant dans la toile de tente pour se garantir un peu du froid de la nuit. On sait que l'administration avait jugé à propos de se faire remettre les demi-couvertures de chaque homme avant l'entrée en campagne, et que force avait été alors de s'en séparer. On en avait décidé ainsi dans la naïve bonne intention d'alléger le sac. La toile de tente ne pouvait remplacer efficacement le moindre lambeau de laine; aussi que de récriminations souleva cette mesure, et, ma foi, si peu enclin qu'on puisse être à la critique, il faut convenir qu'elles étaient trop fondées.

Comment passer une nuit semblable sans marcher de temps à autre pour éviter l'engourdissement ; car nous souffrions d'un froid intense. Je piétinai, je me promenai donc une partie de la nuit, cherchant surtout à me distraire par la conversation à divers groupes. Je pus entendre apprécier très-différemment la situation : à l'entière confiance des uns faisait contraste le pessimisme plus ou moins accentué des autres ; un petit nombre paraissaient insouciants ; mais ce qui dominait, ce qu'on voyait bien chez tous, c'était la résolution d'en finir, et d'en finir au plus tôt ; et chacun se promettait bien de contribuer au résultat en se conduisant, en combattant pour sa part, coûte que coûte, en vrai soldat français.

Parmi les plus loquaces, je me rappelle un sergent qui parlait stratégie avec l'aplomb d'un général consommé ; son plan de campagne obtenait l'approbation unanime des auditeurs. Où je vis l'attention encore plus soutenue, c'est quand l'orateur, par une pointe hardie, après mille feintes habiles et une marche, un retour, une concentration savamment combinés, nous faisait culbuter l'ennemi, nous rendait maîtres de toutes ses positions, et nous faisait aussitôt marcher victorieux, à étapes forcées, jusqu'en Seine-et-Marne, chez nous, à la poursuite de cette armée de fuyards. Là seulement il accordait aux Prussiens et à nous quelques jours de répit, pendant lesquels nous nous gavions, devinez de quoi? de fromage de Brie ! Puis, ainsi réconfortés, nous continuions notre course triomphale….. jusqu'à Berlin, pardié !

Hélas! où étions-nous huit jours après !

Une question sérieuse était agitée dernièrement : Est-ce un avantage ou non de réunir dans un bataillon, une compagnie, les jeunes gens du même pays ? Évidemment il y a là, comme en toutes choses, du pour et du contre. Quant à ce qui est de la mobile, nous croyons que cela fut bon de laisser ensemble ces jeunes gens. Le plus grave inconvénient, peut-être le seul inconvénient sérieux, c'est au feu, lorsque plus ou moins d'hommes s'y trouvent blessés ou tués.

Ceux-là sont toujours des camarades, des amis, quelquefois des parents, et jamais de ces indifférents auxquels, dans l'armée active, on n'est passagèrement attaché que par esprit de corps et par un contact de quelques mois, quelques années au plus. Chez nous l'impression ressentie, pénible ou agréable, était trop généralement communiquée à tous. Enfin, chez nous, un bataillon formait trop à la lettre une grande famille, ayant mêmes goûts, mêmes aspirations, mêmes préjugés, mêmes craintes, mêmes sympathies ou répulsions.

Mais qu'il y a de vraies compensations! Comptera-t-on pour rien ces causeries intimes entre jeunes gens du même pays, souvent frères, cousins, alliés, voisins, amis d'enfance, condisciples de la même école, se connaissant tous de père en fils! Quels bons souvenirs évoqués à chaque instant sur le village, la maison, la famille de chacun, sur les bonnes parties en commun d'autrefois, souvent sur les amours et les projets d'avenir, enfin sur tout ce qui est agréable et doux, triste ou gai à se remémorer, sur tout ce qui fait s'écouler plus vite les heures si longues des nuits passées tour à tour sous la tente, dans la tranchée, près du feu d'un bivouac, à la grand'garde, etc.

Dernier avantage dont je ne tire pas la conclusion, tant chacun la devine aisément. Qui de nous, Moblots, ne se disait pas souvent : « La guerre finie, je retournerai chez moi où me suivra, sans dissimulation possible, et où me restera, tant que je vivrai, la bonne ou mauvaise réputation que j'aurai su mériter parmi les compagnons d'armes que j'ai ici. »

A l'état-major du bataillon, on disait mystérieusement que tout marchait pour le mieux. Nous avions pour mission de prendre le village en avant de nous, Neuilly-sur-Marne. Le lieu de réunion générale était à Torcy ; et, dans notre aveugle confiance, nous ne voyions rien moins, comme le sergent stratégiste, que les environs de Coulommiers au bout de quelques jours.

En descendant à ma compagnie, je passai

près d'un de nos hommes qui confiait une lettre à son camarade, et j'entendis : « Dans le cas où je serais tué, c'est pour ma mère. » Ce que je trouvai de poignant dans le ton résigné, l'air simple avec lesquels fut accompli ce pieux devoir filial, m'alla vraiment au cœur.

Un autre, peut-être aussi très-bon fils..... à ses heures, n'oubliait pas que tout près du cœur est l'estomac, et me parut, pour l'instant, consacrer à ce dernier ses plus vives préoccupations. Un homme de chaque escouade portait la viande de tous. De là son inquiétude. « Que demain pendant la bataille, disait-il, notre garde-manger se fasse prendre, ou se fasse tuer, ou disparaisse n'importe comment ; si la chance veut que j'en réchappe, je mangerai mon pain sec ? Merci ! » Donc il émettait le vœu que, d'avance, chacun eût sa part, quitte à se réunir ensuite pour la cuisson. La motion rencontra nombre d'approbateurs, et le partage eut lieu.

C'est à toute autre chose qu'au repas du

lendemain que je songe, moi, chaque fois que je me trouve seul en cette nuit-là. Douloureuse rêverie ! je vois, avec toutes leurs angoisses à mon sujet, grands-parents, père, mère, femme, que je n'ai jamais eu conscience de chérir autant que je le sens alors ; et ce bébé qui commence à balbutier, et cet autre qui va naître, et ce frère qui est là, comme moi, exposé à ne plus les revoir ; et ces compagnons, tous là aussi, dont quelques-uns peut-être me manqueront demain, si je ne leur manque ! Ah ! qu'on se moque si l'on veut d'un soldat si sensible et qui parle si souvent des siens ; si j'en parlais autant que j'y pensai, ce serait bien autre chose !

A toi je pensais aussi, mon pauvre vieux pays, ma bonne et chère France ! et à tes enfants de tout âge et de toutes classes, partout si éprouvés, si anxieux ! Et je me disais : Qu'ils sont coupables ceux-là qui mettent en présence, les armes à la main, deux grands peuples qui gagneraient tant à lutter l'un et l'autre différemment, ou plutôt à s'allier, à s'entr'aider, à se compléter réciproquement pour les progrès de la morale, de la science, de l'industrie, de tout ce qui ennoblit, rend meilleur et plus heureux !

Mais non ! Il faut de la gloire (on nomme ça de la gloire !) à cette Majesté Prussienne, pour que le fils de son Augusta, « notre Fritz », parvienne entouré d'un grand prestige, c'est-à-dire de beaucoup de familles en deuil, à ce trône d'Allemagne sur lequel cette Majesté veut elle-même asseoir quelque temps ses rhumatismes. — Il faut de la gloire aussi à cette Majesté Corse, pour que le fils de son Eugénie, « notre Louis », arrive plus acclamé, surtout moins contesté, à ce trône de France sur lequel, en attendant, cette Majesté elle-même reposera mieux, pense-t-elle, son corps très-délabré. — Fourbissons nos chassepots, a dit l'un en allongeant sa moustache. — Il y a longtemps que mes Krupp sont prêts, a pensé l'autre en se frottant les mains. — Et chacun d'eux s'appliqua, en finassant, à rejeter sur l'autre la responsabilité du conflit, à tromper et à surexciter son peuple en vue de cette guerre, à faire entendre, comme toujours, qu'il avait Dieu pour complice et pour aide.....

Et voilà comment, voilà pourquoi deux cent mille autres fils que les leurs sont déjà tués, tant de pays dévastés, de familles ruinées, désespérées! Voilà pourquoi d'autres milliers de nos cadavres, Allemands qui êtes là-bas, Français qui sommes ici, couvriront demain ce champ de bataille!

Oui, je pensais tout cela, bien d'autres choses encore en cette longue nuit; et je finissais toujours, on peut le croire, par autre chose que des bénédictions à l'adresse de ces ambitieux-là... et de toute leur engeance.

III. — PARTIE REMISE.

Enfin le jour commence à poindre; un coup de canon du fort de Rosny est tiré comme signal, et les troupes se mettent en marche, chacune dans la direction assignée. Mais bientôt on s'aperçoit qu'une circonstance imprévue rend l'attaque impossible. Une crue subite de la Marne a empêché durant la nuit l'établissement des ponts nécessaires; à peine a-t-on fait quelques centaines de mètres, qu'ordre est transmis de rétrograder. N'est-ce pas jouer de malheur? N'est-ce pas une vraie fatalité? L'ennemi, qu'on espérait surprendre, aura le temps de se préparer, de concentrer ses forces et de nous recevoir en conséquence. La gravité de ce contre-temps ne peut échapper à personne ; il en dut résulter une influence fâcheuse et capitale sur l'entreprise commencée, laquelle ne réussissant pas autant qu'on avait pu l'espérer, compromettait par avance les opérations ultérieures du siége.

« Mauvaise affaire ! » murmura l'un de nos plus vénérés capitaines, vieil habitué des champs de bataille. Et il aspirait en même temps, avec une précipitation fiévreuse, les bouffées de son inséparable pipe.

Après diverses contre-marches pour aligner le bataillon sur le nouvel emplacement qu'il doit occuper, on détache la quatrième compagnie au poste de l'Hôtel-de-Ville de Rosny. Nous sommes un peu en arrière du champ où nous avons passé la nuit, et les tentes se dressent au milieu des vignes qui se trouvent immédiatement sous le fort.

Allons, à la besogne ! qu'il n'y ait dans nulle escouade aucun flâneur. En effet, chacun s'applique à travailler au bien-être commun. Les uns ont pour mission de se procurer l'eau, ceux-ci vont au bois, ceux-là sont occupés à bien dresser la tente, d'autres enfin vont à la découverte d'herbes sèches, de paille, de tout ce qui peut rendre le coucher plus confortable sous la tente-abri. Vous rappelez-vous ce bienheureux moblot qui, cherchant de l'herbe, eut la chance rare d'attraper un lapin à la course? Quelle réception triomphale fut faite à tous deux, homme et lapin, dans l'escouade ! et quelle bombance en fut la suite ! Car on eut le temps de soigner la cuisine ce jour-là, d'installer son campement, de tout faire, en un mot, pour être mieux que précédemment.

Comme il n'était plus nécessaire de se dissimuler, puisque les Prussiens avaient pu nous voir dans la journée, on permit d'allumer des feux. A la nuit close, sur une étendue de plusieurs kilomètres à notre droite et sur tout le versant sud du plateau d'Avron, les feux brillèrent donc innombrables, et ce fut d'un aspect véritablement féerique. Ce coup d'œil était pour nous aussi réconfortant que splendide : on sentait la confiance renaître et s'affermir en se voyant si nombreux ; le désappointement du matin se laissait oublier ; on se reprenait à bien augurer du lendemain.

C'est cette même nuit que nous vint un jeune abbé, de nous jusqu'alors inconnu, qui parcourut le campement, puis vint s'installer au feu de bivouac de notre Etat-Major, où il fut très-bien reçu. Invité par le commandant à partager son dîner, il accepta. De physionomie franche, d'agréables manières, et sans rien de cet air mystique qui, à tort ou à raison, nous eût peu captivés, il nous fut très-sympathique à première vue, et plus encore à mesure que nous le connûmes davantage. L'impression fut-elle réciproque ? Il fit mieux que nous le dire ; il le prouva en ne nous quittant plus depuis cet instant : il fut notre aumônier. Merci de votre préférence, monsieur Raymond. Nos Seine-et-Marnais, dont beaucoup peu dévots, comme vous l'avez pu voir, n'en apprécient pas moins, sous n'importe quel habit, les braves gens et les gens braves. A ce double titre, ils vous ont tous aimé, ils vous gardent bon souvenir ; et je suis heureux de pouvoir être ici l'interprète de leurs sentiments à votre égard.

Donc ils sont là, nos moblots, mieux abrités cette fois, mieux logés sous la tente, et puisant de nouvelles forces dans un sommeil réparateur. Ils rêvent du pays, cela va sans dire. Tel se voit de retour à son atelier, tel à son magasin, tel à son bureau, tel à ses études. Ce bon gros joufflu se voit dans sa ferme ; il vient de rentrer à l'écurie le plus bel attelage de ses parents, dont il s'est réservé la conduite ; les voitures et charrues sont remisées ; toute la famille se presse autour de la grande table de la cuisine, où fume une soupe appétissante ; puis on devise en commun, on se repose du rude labeur de la journée ; il fait sauter en même temps son petit frère sur ses genoux, caresse son vieux Médor, et goûte ce bonheur tranquille que donne une conscience naïvement satisfaite.....

« Sac au dos ! sac au dos ! !

C'est notre lieutenant-colonel qui, de sa rude voix de soldat, nous réveille ainsi.

« Sac au dos ! sac au dos ! !

IV. — LE BAPTÊME DU FEU.

La 4ᵉ compagnie, que nous avons laissée au poste de l'Hôtel-de-Ville de Rosny, rejoint le bataillon, et nous partons, suivant la ligne ferrée pendant quelques minutes, pour la traverser ensuite, en nous dirigeant dans la plaine située entre le plateau d'Avron à notre gauche, et Neuilly-sur-Marne à droite. Nous arrivons ainsi jusqu'à la Maison-Blanche, où quelques compagnies sont déployées en tirailleurs vis-à-vis les murs du parc. En fait de Prussiens, nous faisons lever une quantité prodigieuse de lièvres effarés, qui sillonnent la plaine en tous sens. C'est l'artillerie du plateau d'Avron, fouillant le parc, qui a fait sortir cette nuée de gibier.

Comme s'il se fût agi d'une partie de chasse à la campagne, un de nos hommes ne put résister à l'envie d'envoyer à ces lièvres une décharge de son chassepot.

Nous avançons toujours en tirailleurs, traversant d'immenses champs de légumes, jusque-là respectés à cause de leur proximité des forts. La tentation est grande à la vue de ces belles touffes de pommes de terre, de ces énormes choux; mais nous avons autre chose à faire pour le moment que d'en récolter une provision. Les postes prussiens en face de nous, que nos tirailleurs ont vus à distance et qu'ils espéraient surprendre, ont pu, toujours prudents et toujours en éveil, se replier à temps devant notre mouvement offensif. Ils l'ont fait toutefois si précipitamment que nous trouvons dans l'un de ces postes, avec plusieurs casques, une chaude couverture que l'on se garde bien de laisser.

Le temps a vite passé jusque-là en marches, contre-marches et temps d'arrêt de la colonne.

La 2ᵉ armée de Paris est formée de trois corps. Nous sommes de la division de Bellemare et faisons partie du 3ᵉ corps, commandé par le général d'Exéa ; notre mission est de tourner par la gauche la position de Villiers-sur-Marne, après avoir pris le village de Noisy-le Grand.

L'ordre, pour nous, était ainsi formulé :

« La division Mattat, passant sur la rive
« gauche au moyen des ponts de Nogent,
« et traversant Petit-Bry, doit tourner le
« village par l'Ouest ; la division de Bel-
« lemare, passant la Marne au-dessous de
« Neuilly, doit l'aborder directement par le
« Nord. »

Le front de la bataille s'étend du plateau de Bry à celui de Chennevières, et depuis longtemps déjà l'aile droite et le centre sont engagés.

Nous sommes toujours sur la rive droite de la Marne, et le corps d'armée va se disposer à passer la rivière. A midi, l'ordre est donné de rallier nos tirailleurs. Nous revenons par Ville-Evrard et Neuilly, et passons la Marne sur un pont de bateaux établi en face le village de Bry. Après quoi le régiment se masse dans la plaine et y fait une pause d'environ une demi-heure. Le colonel Colonieu, qui commande notre brigade, apporte de bonnes nouvelles ; tout va bien. On prend le temps de grignoter un biscuit en attendant de marcher à nouveau.

Les quatre premières compagnies de notre bataillon, ayant été développées en tirailleurs dans la matinée, sont placées à la gauche. Le bataillon est par inversion, ce qui veut dire que la 5e compagnie occupe la tête de colonne, et que viennent ensuite les 6e, 7e, 8e, 1e, 2e, 3e, et 4e.

L'attente n'est pas de longue durée. Une estafette arrive au galop, et aussitôt le régiment se met en marche, premier et deuxième bataillons en tête. Nous montons la rue principale du village de Bry, où nous remarquons les minutieuses précautions prises par l'ennemi qu'on vient de déloger. A chaque route, à chaque bifurcation, la direction des villages et de tous les lieux qu'il a besoin de connaître est écrite en allemand sur des poteaux indicateurs. Ces gens-là sont chez nous comme chez eux. N'oubliant aucune précaution depuis que dure leur investissement, ils ont fait maintes barricades, posé leurs pancartes itinéraires, et dépavé les rues pour en disposer les grés de façon à rendre impossible le passage de la cavalerie. Nous marchons très-vite, croyant à ce moment-là qu'il ne s'agit que d'une longue étape. A l'église de Bry, nous faisons par-file-à-gauche et trouvons le colonel Colonieu qui nous presse de plus en plus. On entend la fusillade. « Dépêchons ! dépêchons ! »... Le bataillon s'avance toujours dans la même direction. Au bout de quelque minutes, les premières balles sifflent à nos oreilles ; il en résulte un court moment d'hésitation ; puis nous faisons par-le-flanc-droit, et devant nous se trouvent les pentes à gravir pour arriver sur le plateau. Nous voyons bien, à trois ou quatre cents mètres, des soldats qui se cachent derrière des pommiers ; mais la crainte que ces hommes ne soient des nôtres nous empêche de tirer. C'est d'eux que nous viennent les premières balles qui nous saluent. Le temps d'arrêt ne dure qu'un instant. Au cri de « En avant » énergiquement poussé dans l'une des compagnies de droite, tous abordent le coteau, répétant à qui mieux mieux : « En avant ! »

Nous avons promis d'être toujours et partout scrupuleusement vrai. Donc nous allons raconter, ou plutôt confesser la triste panique de certaines compagnies, la nôtre comprise, en ce premier jour de combat. Certes il y eut des circonstances atténuantes ; mais nous n'en dirons pas moins ce qui fut à blâmer dans notre conduite ce jour-là ; de même que, sans fausse modestie, nous parlerons plus tard de notre meilleure attitude dans les affaires qui suivirent, principalement à Montretout.

Il est environ trois heures et demie ; nous n'avons eu aucun moment de répit ; nos hommes ont le sac au dos depuis le grand matin. Néanmoins les pentes abordées sont gravies en un clin d'œil, au pas gymnastique.

Sur le plateau, les Prussiens ont déguerpi ; ceux qu'on entrevoit encore sont si loin qu'un tir efficace est impossible. Voici du reste qui nous ôte immédiatement, à nous apprentis guerriers, le temps de la réflexion.

Deux batteries prussiennes sont démasquées à droite et à gauche, et balaient la crête où nous sommes avec une précipitation, un tonnerre effroyables. Force est de se coucher, et nous pouvons constater qu'aussitôt leur tir s'est rectifié : les projectiles, au lieu de passer à hauteur d'homme, rasent maintenant le sol. Si les minutes nous semblent longues, les obus pleuvant plus nombreux à chaque instant, inutile de le demander ! La position est réellement devenue insoutenable. Mais au moins devions-nous concerter et opérer en ordre le mouvement de recul, puis, abrités derrière la crête, attendre qu'on nous commandât. Pas du tout ! Le malheureux cri « En retraite » est poussé on ne sut jamais par qui ; aussitôt commence une affreuse débandade, un sauve-qui-peut, sinon général, au moins du très-grand nombre; et la pente si gaillardement gravie tout à l'heure est plus vite descendue, sans qu'aucun cri de ralliement puisse arrêter cette fuite vertigineuse.

Quelques officiers pourtant et quelques hommes étaient restés sur la crête, dérobés par un pli du terrain. La nuit venue, ils entendirent sur la gauche les cris poussés par l'ennemi; mais n'étant plus en nombre, ils ne purent à leur tour que battre en retraite, ce qu'ils firent sous une grêle de balles, pour se rallier dans le village de Bry.

A cette journée du 30 novembre, la 8ᵉ compagnie de notre 4ᵉ bataillon de Seine-et Marne occupait l'extrême gauche de tout le corps d'armée opérant.

J'ai dit, en toute sincérité, ce que nous avions de reproches à nous faire pour cette journée du 30. Pour quiconque répondrait « Vous atténuez vos torts », je peux ajouter : Un vrai brave, qui ce jour-là combattait vaillamment ailleurs, mais qui plus tard fut à même de bien connaître en cette affaire la juste responsabilité de chacun, notre Lieutenant-colonel enfin, après lecture de ce qui précède, m'a fait au contraire cette objection : « Vous vous accusez trop. ».

Quelle confusion dans Bry ! Ah ! la triste chose que ce pêle-mêle d'uniformes variés, ce concert d'inquiétudes, de plaintes, de récriminations ! Beaucoup cherchent leurs régiments et ne peuvent les trouver. De leur côté, les officiers tâchent de rallier leurs hommes ; on se bouscule, on crie de toutes parts. Parmi nous, principalement, on maudit cette journée, cette triste journée où notre baptême du feu n'a pas été ce que nous aurions voulu. Combien de fois, ce soir-là, les Bretons qui faisaient partie de notre brigade se sont-ils adressés à nos groupes, avec leur accent bien connu, demandant : « Le cinquième Morbihan ? — Seine-et-Marne, répondait-on ». Et Briards, Bretons et autres se remettaient en quête de leurs compagnons..... pas de gloire encore, plutôt d'infortune, mais dont le contact, cependant, pouvait seul atténuer la triste inquiétude dont chacun se sentait envahi.

On est parvenu enfin à nous rassembler sur les bords de la Marne, où nous grelottons près d'une heure en attendant la permission de loger dans Bry. La troisième compagnie fait partie des grand'gardes pour la nuit. Les officiers de toutes les autres s'occupent du casernement de leurs hommes, en tâchant de les disséminer le moins possible; non sans se dire pourtant que réveiller ces hommes, leur faire remettre sac au dos quelques heures après leur installation serait, le cas échéant, une besogne infiniment rude.

Pensez donc! ce sac n'a pas quitté les épaules, et l'on n'a rien mangé, pour ainsi dire, depuis tant d'heures!

Tout impressionnés des émotions terribles et nouvelles pour nous de cette journée, pleins d'anxiété sur le sort des camarades qu'on n'a pas revus encore, épuisés, brisés de corps et d'âme, nous tombâmes comme des plombs sur les planchers nous servant de lits, dans les maisons qu'occupaient le matin même nos ennemis les Prussiens.

Que serait-il advenu si, reprenant l'offensive, ceux-ci nous avaient attaqués en force pendant la nuit ? Ils y avaient songé, paraît-il ; mais l'établissement d'un pont qu'ils tentèrent dans ce but en amont de Bry, fut empêché par nos artilleurs. Heureusement ; car une visible démoralisation chez beaucoup, l'extrême fatigue de tous, l'impossibilité matérielle de réunir et de commander promptement les hommes, une rivière à dos pour couper la retraite, tout enfin nous eût placés dans une bien cruelle alternative !

Le lendemain, de grand matin, on put se reconstituer, mais non sans peine et sans beaucoup de temps. Ensuite on nous fit repasser la Marne, et le campement s'établit sur la rive droite.

La journée se passe alors sans incident. Il fait un froid très-vif, et la gelée durcit la couche de nos soldats. Toutefois, presque tous ont eu la précaution d'aller à la découverte et ont pu rapporter quelques bottes de paille qui, étendues sous la tente, permettront d'y reposer mieux et plus chaudement. On ne ménage pas les grands feux de bivouacs, autour desquels chacun est pelotonné à sa bonne petite place. Enfin, tant bien que mal, on peut se dire le matin du 2 décembre : « Encore une nuit de passée ! »

V. — LE RÔLE DE LA DIVISION DE BELLEMARE DANS LA JOURNÉE DU 30 NOVEMBRE.

(Extrait du remarquable ouvrage de M. Charles Albert, *Les Batailles de Villiers et de Champigny*.)

« L'ennemi, lassé d'efforts, cessa bientôt des tentatives dont il reconnaissait l'impuissance, et vers trois heures de l'après-midi, de ce côté, comme sur les autres parties de la ligne de bataille, la lutte mourait, n'exhalant plus, par intermittences, que quelques maigres décharges de mousqueterie, quelques coups de canon isolés.

Soudain, à l'extrême gauche de nos positions, la fusillade se ranime et bientôt éclate avec une violence inouïe ; en un instant, cela devient un roulement continu, une crépitation formidable martelée par le canon. Le général Ducrot, qui arrivait à Champigny, tourne bride immédiatement et se porte en toute hâte sur le plateau de Villiers. Quelle étincelle a rallumé ce feu terrible? Un officier d'ordonnance envoyé par le général d'Exéa vient le lui apprendre : le 3me corps arrivait enfin sur la rive gauche! La division de Bellemare était passée tout entière sur les ponts de Bry et attaquait vigoureusement le village occupé par les Saxons.

« C'est trop tôt ou trop tard, s'écrie le général, vivement contrarié de cette manœuvre intempestive ; puisque vous n'aviez pas opéré votre passage en temps voulu, il fallait le remettre à demain matin. »

Le général aurait pu demander en outre pourquoi ce passage s'opérait à Bry, et non près de Neuilly, suivant les ordres explicitement donnés, et pourquoi l'attaque du

3ᵉ corps n'avait pas lieu sur Noisy-le-Grand; mais avant tout il fallait agir, et quel que fût le mouvement entrepris, puisqu'il était commencé, le diriger et en tirer profit.

Les généraux de Maussion et Berthaut, sur l'ordre qui leur fut donné, firent avancer les brigades Courty et Bocher qui formaient leur seconde ligne, et les portèrent sur les hauteurs de Bry, de manière à appuyer l'attaque de la division de Bellemare.

Celle-ci faisait de rapides progrès : la brigade Fournès, composée du 4ᵉ zouaves et du 136ᵉ de ligne, avait chassé les Saxons du village, était parvenue jusqu'à l'église, et là, tournant à gauche en deux colonnes de régiment, s'engageait sur les pentes abruptes du plateau de Villiers; la brigade Colonieu (mobiles de Seine-et-Marne et du Morbihan) que le groupe du colonel Reille avait remplacée à Neuilly, venait se placer à sa gauche et formait également deux colonnes, qui abordaient résolûment la position.

Les zouaves montraient surtout une ardeur extraordinaire : la réputation de cette troupe avait été fortement atteinte à Châtillon, où, prise d'une honteuse panique, elle avait lâché pied la première; ils sentaient qu'ils avaient une revanche à prendre. « Nous allons montrer, disaient-ils, qu'il y a encore des zouaves en France! » Et en effet, avec une impétuosité que le feu le plus meurtrier ne peut ralentir, ils s'élancent sur les hauteurs couronnées d'infanterie, franchissent au pas de course, en le laissant couvert de leurs morts, l'espace qui les sépare de la crête, et parviennent jusqu'à l'ennemi, qu'ils refoulent sur le parc de Villiers par leur choc irrésistible. (Le régiment de zouaves avait eu en moins d'une heure 25 officiers et 500 hommes hors de combat.) Dans la précipitation de cette retraite, les Saxons leur abandonnent les deux pièces de douze qu'ils nous avaient prises et dont ils se servaient contre nous. Les colonnes de gauche, moins vivement combattues, arrivent en même temps sur le plateau et s'y déploient dans la direction de Noisy-le-Grand : alors toute la ligne de la division de Maussion s'ébranle à son tour, se porte résolument en avant et reprend possession du mamelon que ses premiers efforts lui avaient conquis.

Nous nous trouvions devant ce parc de Villiers, qui restait l'obstacle décisif dont nous avions à triompher : l'attaque en fut immédiatement entreprise. Deux pièces de quatre, montées à grand'peine sur les hauteurs, préparent le mouvement par un feu énergique, et quelques instants après, les colonnes de la division de Bellemare s'élancent intrépidement sur la redoutable enceinte; mais tout leur héroïsme vient se briser contre ces murs, d'où la mousqueterie et la mitraille partent à toutes volées, couchant par terre des centaines d'assaillants. Ces troupes reculent vers la crête; elles s'y organisent solidement sous la vigoureuse protection de l'artillerie, et repoussent, en les leur faisant payer cher, les tentatives de retour offensif de l'ennemi.

Il était cinq heures : les ombres du soir couvraient déjà l'immense plateau, et médiatrices impérieuses, s'interposaient pour terminer la lutte.

Les combattants s'envoyèrent une dernière salve d'artillerie; quelques coups de feu retentirent çà et là, puis plus rien : le silence enveloppa le champ de bataille. Le général Ducrot, parcourant encore une fois les positions, donna des ordres pour la nuit; il prescrivit de n'y laisser que des grand'gardes et de retirer les troupes un peu en deçà, de manière à les masquer derrière les pentes; il ordonna de construire immédiatement, sur toute la ligne de bataille, des tranchées à intervalles pour l'infanterie et des épaulements pour les pièces, et chargea le général Tripier, commandant en chef du génie de l'armée, de la direction de ces travaux; il recommanda au général de Malroy d'organiser défensivement le Four-à-chaux, en y faisant le réduit d'une sorte de redoute, et en y établissant des batteries; il donna au général Blanchard des instructions relatives à la mise en état de défense de Champigny, et à l'intendant général Wolff les prescriptions concernant le ravitaillement de l'armée. Enfin, la nuit venue, le général en chef, après avoir rappelé à tous la nécessité de la plus extrême vigilance aux avant-postes, se rendit à son quartier général[1], installé dans la ferme de Poulangis. »

VI. — 2 et 3 décembre.

Fidèles à la tactique qu'ils ont employée plusieurs fois dans cette guerre, les Allemands, qui ont concentré en troupes fraîches des forces considérables dans la journée de répit d'hier, reprennent ce matin l'offensive avec une telle vigueur que nos premières lignes ne tardent pas à fléchir sous leurs efforts. Mais grâce aux travaux de retranchement exécutés sur nos positions, grâce à la prompte arrivée du général Ducrot, à l'énergie des officiers, au courage de tous, ce premier mouvement de retraite est bientôt enrayé, et le 2me corps soutient la lutte assez vigoureusement pour conserver l'avantage, même avant l'arrivée des renforts.

Jusqu'à neuf heures et demie, nous attendons l'ordre de lever le camp; nous pensons bien qu'on ne nous laissera pas longtemps inactifs, quand la fumée du tir ennemi se rapproche de plus en plus.

Cependant chaque escouade s'est disposée à manger la soupe; mais ce qui est aussi désagréable que vrai, une injonction sans réplique obligea de laisser là toute cuisine, de renverser les marmites, et de plier bagage pour un départ immédiat. Plus d'un récalcitrant mit les chefs dans la nécessité de faire acte d'autorité, pour que tous fussent prêts sur-le-champ. En un quart d'heure, ce campement si bien installé a disparu; les abris sont pliés, la colonne est en marche. Contre notre attente, nous ne traversons pas la Marne en face de nous, sur le pont de Bry; on nous dirige sur Nogent; nous rencontrons en route quelques prisonniers que l'on conduit au fort, et nous descendons à Joinville en passant par la redoute de la Faisanderie, dont les grosses pièces de marine lancent de formidables bordées sur le plateau de Cueilly.

Des milliers de gardes nationaux occupent le bois de Vincennes, où ils attendent l'heure de marcher. De la Faisanderie, nous pousons embrasser le panorama de la bataille : on voit nos soldats s'élancer dans la plaine; on peut les suivre du regard jusqu'au moment où un rideau de fumée fait connaître qu'ils ont commencé le feu. C'est le plus fort de l'action ; le crépitement de la fusillade et les détonations d'une puissante et nombreuse artillerie se mêlent au bruit strident des mitrailleuses. Nous passons la Marne à l'un des ponts de Joinville, et le régiment va se masser sur l'autre rive. La pause n'est que de quelques instants. Un sinistre cortége défile devant nous : ce sont les frères des écoles chrétiennes ramenant nos blessés. Les pauvres gens sont placés dos à dos sur des cacolets; l'un a tel membre fracassé par une balle ou un éclat d'obus; celui-ci a la tête ou la poitrine ensanglantées ; un autre, étendu sur un brancard, laisse entendre déjà son râle d'agonie. Les figures pâles, les regards noyés de tristesse de tous ces malheureux nous émotionnent péniblement. Salut, glorieuses victimes, nobles martyrs! Puissent au moins vos souffrances et votre sacrifice être utiles au pays, que nous défendrons comme vous!

Arrivés au lieu dit la Fourche, à la bifurcation des routes de Bry et de Champigny, nous suivons celle de droite et y trouvons bientôt notre lieutenant-colonel, qui se met à notre tête. Des lignards traversent nos rangs à diverses reprises; nous entendons de plus en plus le sifflement des balles, et le bataillon s'abrite un instant derrière le talus du fossé de la route, pour un peu reprendre haleine avant de continuer.

« Place à mon régiment de Seine-et-Marne! s'écrie enfin Monsieur de Courcy; et vous autres, en avant! Faites bien voir que vous avez..... ce qu'avaient vos ancêtres! »

Dame! je traduis l'expression finale. Moins odorante pourtant que le mot de Cambronne, mais non moins militaire, elle perdrait à être répétée crûment ailleurs qu'au champ de bataille. Mais, nom d'un nom! qu'elle fut là tout de suite d'un rude effet! La plus éloquente proclamation, émaillée des plus belles fleurs de rhétorique, nous eût cent fois moins émoustillés! Il faut dire aussi que, au laconisme, à l'énergie, au ton martial de cette harangue, notre chef joignait la preuve donnée à tous qu'il avait, lui, lui,.... ce qu'il voulait que nous eussions.

L'ordre est donné : « Première et deuxième compagnies, en tirailleurs! »

Nous nous développons sur la droite de la route, et après que nous avons placé la hausse à douze cents mètres, le colonel commande de tirer. On décharge les armes dans la direction indiquée ; mais, comme très-souvent c'est leur tactique, les Prussiens restent invisibles, et nous cessons le feu presque aussitôt. Le voisinage est dangereux. Derrière nous et à trois cents mètres à notre gauche, se trouvent deux batteries de notre artillerie qui ripostent à l'ennemi. Celle de gauche surtout reçoit de nombreux projectiles; elle essuie des pertes sérieuses. Nous restons ainsi environ trois quarts d'heure, les obus passant au-dessus de nous pour atteindre nos artilleurs. Nous voyons l'un de ces obus éclater en démontant celle de nos pièces qui vient de tirer, blessant du même coup plusieurs hommes et tuant deux chevaux.

Le général Trochu passe devant nos compagnies en réserve. « Courage! mes enfants, « dit-il; la journée est bonne. »

Le tir commence à être moins précipité, moins continu de part et d'autre; on arbore derrière nous le drapeau d'ambulance : c'est la dernière phase, non la moins lugubre de toute bataille. Un armistice vient d'être convenu entre les deux camps, pour que chacun puisse relever ses blessés et enterrer ses morts.

C'est alors que nos soldats se précipitent à l'envi sur les chevaux abattus, pour tailler sur les pauvres bêtes les plus énormes biftecks qu'ils peuvent emporter. On avait manqué le repas du matin; c'était à qui se procurerait, en dédommagement, la plus forte ration pour le soir.

Le bataillon s'était reformé sur la route et se trouvait déjà commandé pour les grand'-gardes de la nuit, quand le général Ducrot vint à passer. Il demanda quel était notre régiment, et depuis combien de temps nous étions là. Sur les réponses qu'il obtint, il jugea convenable de faire relever, par un bataillon de ligne, nos compagnies déjà rendues à leur poste. A la nuit tout à fait close, notre lieutenant-colonel nous mit en marche.

Qu'il fut affreux, pour nous autres jeunes soldats, le spectacle qui nous attendait ! Le régiment devait bivouaquer sur les pentes qui descendent à la Marne, à la place même que nous avions occupée dans l'affaire du 30. Pour s'y rendre d'où nous étions, il fallait traverser tout le champ de bataille.

Figurez-vous notre défilé silencieux, triste, lugubre, au milieu d'une nuit tantôt demi-sombre, quand des nuages passent devant la lune, tantôt éclairée des pâles rayons de cette lune blafarde. A chaque pas nous rencontrons des cadavres, soit isolés, soit rapprochés sur plus ou moins d'espace. Chevaux tués, sacs, fusils, gamelles, képis, cartouchières, débris de toutes sortes jonchent en même temps le terrain. Ceux des morts qui ont le moins souffert ont tellement conservé l'apparence de la vie, qu'on se demande : « Est-ce qu'ils dorment ceux-là ? » Je me rappelle notre cantinière exprimant avec effroi ce terrible doute quand, par une éclaircie, nous aperçûmes et longeâmes tout à coup quarante au moins de ces victimes alignées au bord d'une longue tranchée. C'étaient de nos soldats tués l'avant-veille et non encore enterrés.

On n'a pas enterré ceux-ci... Combien d'autres, seulement blessés, sont morts faute d'avoir été relevés, soignés à temps? Quel sort! quel martyre! quelle agonie! quelle fin cruelle! Comment ne pas frissonner jusqu'au cœur en y songeant! Il était là, plein de vie, de jeunesse, d'enthousiasme; frappé subitement, il tombe, ahuri, inconscient, et bientôt s'évanouit..... Mais son pouls se ranime, ses yeux se sont rouverts. Va-t-on le secourir? Non, tous sont partis, ou il les voit partir quand la force lui manque pour les appeler! C'est alors que la plaie cuisante, la soif atroce résultant de la perte du sang, les spasmes de rage, ajoutés aux tortures indicibles de l'esprit et du cœur, lui font désirer comme une grâce le fatal engourdissement du trépas. O frère! puisses-tu au moins l'avoir peu attendu!

J'aurais voulu que le Génie, le bon Génie des peuples, sous l'apparence d'un fantôme implacable, saisît au collet ceux dont l'ambition alluma cette guerre, et les forçant de ses mains puissantes à s'incliner sur ces morts et ces mourants, à les contempler de tout près, face à face, œil dans œil, leur dît ensuite : « Jusques à quand vous faudra-t-il encore de pareilles hécatombes? »... Si après cela le vaincu restait simplement dépité et le vainqueur insolemment radieux, si le remords ne les forçait pas tous deux à se maudire eux-mêmes, c'est qu'alors ces gens-là ne seraient pas du tout des hommes!

Le bataillon s'établit en amphithéâtre sur la pente que nous connaissons, la droite au bas de cette pente, et la gauche près de la crête. Défense fut faite de dresser les tentes. Un détachement de ligne passa bientôt, escortant quelques prisonniers faits par lui dans les caves des maisons voisines. Probablement que chez nous c'eût été perdre son temps, après une telle journée, que de demander des hommes de bonne volonté pour aller faire une reconnaissance, soit dans le parc que nous voyions un peu plus loin, soit ailleurs, pour essayer de récolter aussi quelques prisonniers. Partout on s'occupe de la popote, dont la viande de cheval fait tous les frais; tandis que des hommes de corvée, toujours faciles à trouver pour cette autre besogne, sont partis chercher les rations de vin, que l'on distribue à Bry-sur-Marne. C'est si bon, le vin, au milieu de telles fatigues et de telles privations! Le malheur est qu'on en a bien peu : un quart de litre à chaque homme, pour deux jours.

Certaines caves ne sont plus là pour ajouter un supplément; et même, fussent-elles plus rapprochées, nous savons mieux que personne qu'on n'y trouverait plus rien. Cette distribution de vin, à Bry, dura toute la nuit, tant il y eut d'encombrement.

On raconte qu'une patrouille de notre bataillon se rencontra cette même nuit avec une patrouille allemande, et que, aux cris échangés de « qui vive? — Verda! » chacune fit son demi-tour avec précipitation. Je ne donne pas le fait pour autrement authentique.

Le matin du 3 décembre, la 1re compagnie est placée dans le parc situé en avant de nous, dans la direction de Noisy-le-Grand; ordre nous est donné de créneler les murs et d'y faire bonne garde. Là encore nous occupons l'extrême gauche du corps d'armée. Les autres compagnies, sous la direction du génie, sont employées à faire une tranchée qui nous relie au plateau.

Nous sommes très-surpris de trouver, dans une excavation à l'angle sud-ouest du parc, une trentaine de chassepots. Ils proviennent de l'un de nos postes qui, la sentinelle ayant été surprise, nous fut enlevé la veille, au moment du retour offensif de l'ennemi. Nous pénétrons plus avant dans ce parc et nous disposons à créneler le mur qui fait face à Noisy-le-Grand. Deux cadavres restaient à droite et à gauche de ce mur, cadavres dont la vue nous émotionna moins péniblement que ceux de la veille : le premier était un Saxon tombé à genoux, la face contre terre ; l'autre, un officier du même régiment, le 87e, paraissait tout jeune homme.

Croira-t-on que le génie était en telle pénurie de matériel, qu'il nous fallut créneler les murs avec les chassepots abandonnés, faute d'avoir pu obtenir des outils plus commodes ?

Dans cette matinée, le général de Bellemare nous honora d'une visite ; il ordonna de faire couper le taillis à quelques mètres en deça de notre mur, pour qu'au besoin les mouvements y devinssent plus faciles.

Vers deux heures, tout le bataillon se replie dans le parc, et la garde du front, à notre mur, est renforcée d'une compagnie, la troisième, tandis que les autres sont placées aux faces du nord et du midi.

Nous pensons rester jusqu'au lendemain dans ce parc, ne soupçonnant nullement que notre brigade a pour mission de couvrir le mouvement de retraite du corps d'armée, mouvement commencé dès le matin, et qu'on a dissimulé aux Prussiens pour qu'ils ne l'inquiètent pas. Un peu avant la nuit, l'adjudant fait mettre sac au dos, et nous sortons par une brèche du mur, laissant nos feux allumés pour donner à croire que nous restons présents. Une partie du bataillon est déjà en route, conduite par le lieutenant-colonel.

Nous traversons le village de Bry, où les rues sont encore toutes jonchées de cadavres, parmi lesquels beaucoup de zouaves. Rien d'étonnant : ils ont dû faire le siège de chaque maison. Dans la salle de la mairie, nous voyons dix corps étendus, dont un officier supérieur allemand. On trouve ainsi, à chaque pas, les horribles traces de la lutte, du sang, des ruines partout. C'est le plus hideux tableau de la guerre que l'œil humain puisse contempler, que l'imagination puisse rêver !

Un peu avant que nous quittions le parc, les hommes du dépôt de Courbevoie, qui avaient reçu l'ordre de rejoindre le bataillon, nous étaient arrivés. Ce ne furent pas les moins émus, eux que rien n'avait encore habitués à voir sans frémir un spectacle pareil.

Bientôt nous longeons la Marne et passons sous le viaduc de Nogent. Une pluie fine commence à tomber; elle rend la marche très-pénible, le sol étant gras et glissant.

Un officier d'infanterie vient causer un instant avec nous. Il a l'air radieux. « Voyez, nous dit-il, comme tout va bien! comme le plan est habile, savamment conçu, exécuté à souhait! » Ne voyant pas trop partagées sa confiance et sa jubilation : « Vous ne devinez pas, ajouta-t-il? Nous allons marcher toute la nuit et prendrons position pour demain matin sur un point tout autre qu'ici, où les Prussiens se massent et nous attendent; et c'est alors que la vraie sortie va nous être facile. »

Ah! s'il avait dit vrai, ce brave officier ! Mais la retraite n'était que trop bien, trop simplement une vraie retraite.

Au pont de Joinville, nous attendons une demi-heure environ pour laisser passer d'autres troupes, à la suite desquelles nous fermons la marche.

Sur l'autre rive, ce n'est pas la fin de nos tribulations. La partie du bataillon emmenée par le colonel n'a pas laissé trace de sa direction; nous errons à sa recherche, perdus au milieu du bois de Vincennes, trempés d'une pluie glaciale, demandant des renseignements partout et n'en obtenant nulle part, cela jusqu'à neuf heures du soir. Notre commandant, après beaucoup d'hésitations, se décide enfin à nous faire camper dans le bois; mais à peine a-t-on formé les faisceaux, que la plupart de nos hommes se mettent en quête de trouver un gîte plus hospitalier. Les vivres manquent dans beaucoup d'escouades : les unes en ont perdu dans les diverses bagarres ; d'autres, oubliant à quelle date on doit les renouveler, ont vécu trop largement les premiers jours. Pour un grand nombre, les angoisses de la faim s'ajoutent donc à toutes nos misères. Cette nuit-là aussi fut bien cruelle !

Les officiers eux-mêmes ne purent trouver à dîner que vers onze heures et demie, dans un restaurant du voisinage, où ils furent heureux de pouvoir en outre, tant bien que mal, se reposer jusqu'au matin.

Telle fut, dans ses péripéties de tous genres, notre pénible campagne de huit jours sur les bords de la Marne.

VII. — NOGENT-SUR-MARNE.

Qu'était donc devenue la moitié du bataillon conduite par le lieutenant-colonel? Il nous fallait pourtant le savoir. J'accompagnai notre adjudant-major dans ses recherches; mais nous parcourûmes en vain tout le polygone de Vincennes, où les troupes avaient campé : de Seine-et-Marne on n'avait rien vu; personne ne pouvait nous fournir la moindre indication. Nous revenions tout consternés, quand nous apprîmes en rentrant qu'ils avaient enfin donné signe de vie. Ils étaient cantonnés à Nogent-sur-Marne et nous y attendaient. A midi, on réunit ceux des hommes qu'on put retrouver, et nous partîmes rejoindre à Nogent. Là, toutes les habitations étaient abandonnées; pour nous loger, il n'y avait que l'embarras du choix. Les première, troisième et sixième compagnies furent cantonnées dans la maison d'éducation Lebègue-Ponthier. Quelle ne fut pas la joie de nos hommes lorsqu'ils trouvèrent dans ce logement..... des matelas! Oui, des matelas sur chaque lit des dortoirs! Nous étions vraiment favorisés; car les autres compagnies étaient loin d'avoir ce confortable; et après les huit jours que nous venions de passer si durement, cela semblait d'autant meilleur. Un tel casernement était donc très-goûté de ces compagnies, et fort envié des autres.

Certes, là comme ailleurs, on exerça une sérieuse et active surveillance pour que rien ne fût dérangé ou détérioré inutilement; mais il va sans dire que les pommes de terre, confitures et autres victuailles, vin, bois, etc., qu'on pouvait trouver, étaient mises à profit par les heureux explorateurs qui les découvraient. Ceux mêmes qui, dans nos premiers cantonnements hors Paris, s'étaient montrés archi-puritains à ce sujet, en étaient venus peu à peu à répéter avec les autres : « Nécessité fait loi. » Donc les provisions laissées jusque-là dans l'institution Lebègue, nous les considérâmes comme s'y trouvant juste à notre intention. C'est ce que, du reste, nous avions gentiment déclaré au propriétaire, qui nous honorait parfois de ses visites, et qui, soit dit à sa louange, parut très-bien comprendre la chose. Il y gagna que, plus que jamais, nous fîmes respecter la maison et les meubles autant qu'il était en notre pouvoir : un poste fut établi à l'entrée du jardin pour en défendre l'accès, et des corvées de propreté furent souvent commandées. Malheureusement, la température seconda peu notre bonne volonté. Aux gelées des premiers jours de décembre succédèrent la neige et la pluie; sur le pavé de Nogent et sur la route macadamisée, nous marchions dans la boue jusqu'aux chevilles; et rentrer ainsi dans nos logements ne pouvait en favoriser le scrupuleux entretien.

Après le passage de la Marne, le général Ducrot adressa à l'armée une seconde proclamation. Il avait, disait-il, après nos glorieux combats, jugé nécessaire de ne pas poursuivre sa marche dans une direction où l'ennemi venait de concentrer ses plus puissants moyens d'action. Il fallait se réorganiser, se ravitailler, et prendre quelques jours de repos avant de recommencer la lutte. Mais le Français, vite monté au diapason qui engendre l'héroïsme, est non moins prompt au découragement, quand ses premiers efforts n'obtiennent pas le résultat qu'il en espérait. N'est-ce pas là encore un de ces travers natifs contre lesquels nous devons réagir? Toujours est-il que la dite proclamation ne fut pas accueillie comme la première. Ce que notre armée appelait sa victoire des derniers jours se terminait, en fin de compte, par une retraite, un abandon de maintes positions noblement et difficilement conquises; cela ne pouvait que la démoraliser en partie; et quiconque vivait comme nous dans l'intimité du soldat, put voir qu'on obtiendrait moins aisément le primitif entrain.

Les deux premiers bataillons du régiment avaient eu le 30 novembre, sur le plateau de Villiers, une attitude meilleure en général que notre bataillon de Provins. Des récompenses avaient été distribuées dans ces bataillons, ce qui était juste; tandis que le 4ᵉ s'en était vu totalement privé, ce qui faisait payer à certaines compagnies la quasi-défection des autres. Mais là n'était pas pour nous le plus sensible. Les officiers du 4ᵉ remarquaient, depuis cette époque, que leur ancien commandant, alors lieutenant-colonel, n'était plus le même avec et pour eux. Leur estime et leur affection pour monsieur de Courcy ne permettaient pas qu'ils supportassent plus longtemps sa froideur, si ce n'était plus, sans chercher à la faire tomber devant une explication franche.

Pour cela, les officiers se réunirent chez leur nouveau commandant, et l'on rédigea une protestation qui fut, signée de tous, envoyée au général Ducrot. Nous demandions une enquête pour établir la vérité des faits à nous imputés, acceptant la responsabilité qui nous incombait, mais sans vouloir endosser certaines exagérations qui dénatureraient l'ensemble, et surtout sans vouloir accepter comme étant nôtres les fautes commises par des moblots étrangers à notre département, fautes dont on avait su gratifier généreusement notre infortuné bataillon de Provins.

A cette protestation, dont la dignité ferme n'excluait pas la convenance, il fut répondu par l'envoi de la croix d'officier de la légion d'honneur à notre cher capitaine Havard, de la 4me compagnie, qui était bravement resté sur le plateau, malgré le départ un peu trop précipité des autres.

Quand nous apprîmes cette heureuse nouvelle, nous en ressentîmes tous une grande joie, par la double raison qu'on décernait ainsi une récompense très-méritée, et que c'était comme une réhabilitation implicite du bataillon.

Notre lieutenant-colonel vit bien que son

4me et ci-devant cher bataillon avait à cœur que la lumière se fît, et qu'en lui accordant le bénéfice des circonstances atténuantes, il ne ferait que nous rendre justice : aussi ne tardâmes-nous pas à nous retrouver ensemble comme précédemment.

Pendant notre séjour à Nogent, nous n'avions à fournir que le service de grand'garde sur le railway de Mulhouse. Le poste était établi dans la gare, et des factionnaires étaient espacés sur la voie ferrée jusqu'à l'arche du viaduc détruit par le génie. La Marne seulement nous séparait des sentinelles allemandes, que parfois on entendait, mais que jamais on ne put voir. Des travaux de fortification dans toute la partie de Nogent qui avoisine le chemin de fer, et des batteries masquées dans les jardins qui regardent la Marne, ne tardèrent pas à faire considérer cette position comme inexpugnable.

Durant cette période du 4 au 20 décembre, il n'y eut pas d'exercices. Un seul appel se faisait à midi, après quoi l'on obtenaît parfois la permission de se rendre à Paris, permission qui donnait peu de temps à y rester, puisqu'on ne pouvait s'y rendre qu'à pied, à travers l'interminable bois de Vincennes.

J'arrivais de l'un de ces voyages à Paris, la mémoire encore pleine des pures et douces joies goûtées en famille, les lèvres et les joues chaudes encore des affectueux embrassements donnés et reçus; je me répétais si bien le dernier adieu d'une petite voix bien chère, que le bruit du canon des forts en était pour moi imperceptible; mon esprit restait si bien parmi ceux que je venais de quitter, que je traversais sans les voir les groupes d'artilleurs, de zouaves, de lignards et de moblots encombrant les rues de Nogent. Enfin j'ai rejoint ma compagnie..... Impossible de ne pas me rappeler aussitôt que je suis soldat : une distribution de huit jours de vivres venait de commencer, indice assuré que nous allions faire une nouvelle expédition.

VIII. — L'AFFAIRE DU BOURGET (21 DÉCEMBRE).

Avant de nous mettre en route, disons quelle mutation s'était opérée dans la division. Le régiment de Seine-et-Marne, de la brigade Colonieu, avait pris la place du 136me de ligne dans la brigade Fournès, et réciproquement; et dans cette brigade Fournès, nous étions réunis au régiment des zouaves. Cet honneur de figurer à côté des braves qui s'étaient tant distingués à Bry-sur-Marne, flattait agréablement notre amour propre, et nous nous promettions de nous montrer à l'occasion leurs dignes émules.

Le 20 décembre, après l'appel de midi,

toutes les troupes cantonnées à Nogent se disposent à partir, tandis que de nombreux bataillons de la garde nationale viennent prendre nos casernements évacués.

Le défilé de l'artillerie dure très-longtemps. On gagne la route stratégique, et nous descendons à Rosny jusqu'à l'église; mais au lieu de tourner à droite comme l'avant-veille de la première affaire, on suit la direction tout opposée, qui est la route de Noisy-le-Sec.

A la hauteur de la ferme de Londeau, les troupes bivouaquent dans la plaine, au-dessous du village de Merlan.

Le campement est bientôt établi (tous en ont maintenant la grande habitude), et chacun s'ingénie à passer la nuit le moins durement possible. Plusieurs officiers s'installent dans un trou, sorte d'entonnoir protégé par un taillis qui l'entoure, et s'y trouvent mieux qu'en plein air, eux qui n'ont pas de tente-abri. Au moins, cette fois, l'administration n'a pas commis la faute de faire rendre les couvertures. Chacun a la sienne, et sait la manière de la plier avec la toile de tente pour s'en servir de plastron. On a reconnu l'avantage de ce bouclier improvisé, qui sert en même temps de manchon. Attaché autour du cou avec la corde de campement et serré au ventre par le ceinturon, cet accessoire n'a rien d'élégant; mais c'est d'un confortable très-apprécié par le temps qu'il fait.

Dès quatre heures du matin, tout le monde est sur pied s'occupant du café. On se met en marche à six heures, passant derrière la ferme de Londeau, puis sur le pont du chemin de fer de Mulhouse, puis au pied du village de Bondy, dont nous voyons presque toutes les maisons incendiées ou effondrées, et enfin nous traversons le canal de l'Ourcq. Au bord de la route de Bondy à Bobigny, se trouve une barricade avec trois pièces de marine. Le colonel nous réunit derrière une maison de la route. Pause de dix minutes. Les zouaves sont déjà en plaine. On nous porte à six cents mètres en avant, où le régiment se masse par bataillons, et l'on forme les faisceaux. L'artillerie donne depuis le matin; les francs-tireurs de la division, qui sont des volontaires pris dans chaque bataillon, occupent la ferme de Groslay.

Nous stationnons là environ deux heures; puis notre adjudant-major vient, d'après les ordres du général, chercher 500 travailleurs, que fournit la droite de notre bataillon. Il nous emmène, sous le commandement du capitaine de la 4e compagnie, et sans fusils, ce dont fit reproche le général, qui nous renvoya les chercher au pas gymnastique. Aussitôt revenus, nous tournons à droite dans la direction de Groslay et entrons dans la cour de la ferme, où un colonel du génie préside à la distribution des pelles et pioches. Munis de ces instruments, et conduits par un sous-officier du génie, nous nous dirigeons sur la ligne du chemin de fer de Soissons. L'artillerie est fortement engagée. Près de la ferme de Groslay se trouve une magnifique allée de peupliers que nous côtoyons, au bout de laquelle est commencée, par les mobiles Bretons, la tranchée que nous devons continuer à leur gauche. Un bataillon de ligne est en tirailleurs dans la plaine, en avant de la tranchée. Le terrain est complètement découvert ; les obus y tombent autour de nous en si grand nombre, qu'une partie des travailleurs ne peut passer le long des peupliers. C'est à ce moment qu'un de nos amis, caporal à la cinquième, tombe frappé mortellement d'un éclat d'obus. La gauche du détachement est forcée de s'abriter derrière les murs de la ferme. L'ennemi voit très-bien dans quel but nous sommes là ; son artillerie, qui un instant auparavant démontait une batterie située en arrière de nous, rectifie son tir à notre intention, et les obus se succèdent plus que jamais. Naturellement on s'est couché à qui mieux mieux ; mais ce n'est pas ainsi que la besogne pourra se faire. Un jeune officier du génie donne l'exemple du travail avec un imperturbable sang-froid. Vite alors nos moblots sont remis sur pied, prêts à piocher ; les officiers et sous-officiers distancent convenablement les travailleurs sur la ligne tracée par le génie, et c'est aussitôt une activité vertigineuse : pelles et pioches sont maniées avec une ardeur frénétique; la terre, d'ailleurs très-meuble, s'enlève et forme le talus comme par enchantement. Dame! c'est sa vie que chacun doit abriter ainsi. Le danger ne sera en partie conjuré qu'autant qu'on aura devant soi l'épaulement formé par le déblai. Une demi-heure à peine écoulée, la tranchée est faite sur une longueur de plus de trois cents mètres; alors nous pouvons doublement respirer à l'aise : nous sommes garantis, et le tir ennemi, désespérant de nous faire à présent beaucoup de mal, se dirige principalement sur nos batteres, placées à l'angle du parc de Drancy et à différents points dans la plaine. Adossés à notre talus, nous assistons ainsi à un gigantesque duel d'artillerie : canons, obusiers, mitrailleuses. L'ennemi tire de Blanc-Mesnil, de Pont-Iblon et de la direction d'Aulnay, nous laissant complètement tranquilles dans notre tranchée. Les obus, lancés de part et d'autre, passent au-dessus de nous avec leur infernal sifflement. Pendant deux heures, ce spectacle grandiose nous tient en suspens. Les détonations se succèdent avec une rapidité extraordinaire; on voit nos braves artilleurs se déplacer à chaque instant pour tromper la rectitude du tir de l'ennemi, dont les batteries fixes ont un avantage considérable sur nos pièces de campagne.

Pauvres artilleurs! qu'ils ont été éprouvés ce jour-là! Leur infériorité numérique les oblige à recevoir plus de coups qu'ils n'en peuvent rendre. Dieu sait pourtant combien ils se multiplient; on les voit s'avancer sous la mitraille et manœuvrer dans ce tourbillon de fer et de feu. Mais, hélas! il faut reconnaître que le tir ennemi est plus rapide, et par suite plus efficace; la différence est bien de trois coups contre deux des nôtres.

A quatre heures, la lutte tire à sa fin, et le commandant du détachement vient chercher les compagnies réfugiées dans la tranchée. Cette fois encore, au lieu d'attendre les ordres pour quitter leur poste, un certain nombre d'hommes partent à travers champs, entraînant avec eux des groupes que les officiers ont beaucoup de peine ensuite à disposer en files. Les obus nous prennent de nouveau pour objectif, ce à quoi l'on devait s'attendre ; mais à force de cris et de menaces, on est parvenu à régler la marche de manière à leur offrir moins de chance de nous atteindre. Il y a plusieurs cadavres dans la tranchée des Bretons. Un cheval d'artillerie, qui a une jambe de moins, est resté debout auprès de sa pièce; le pauvre animal fait pitié à voir.

Nous franchissons la redoutable allée de peupliers; on se reforme aussitôt, et nous rejoignons les compagnies de gauche, que nous avions laissées à leur emplacement du matin.

La journée nous avait coûté un seul homme tué et plusieurs blessés. A voir nos pertes si minimes, après tant de projectiles lancés contre nous, on pourrait croire à l'exagération quant à la quantité de ces projectiles. Mais nous devons à la température humide d'avoir été ainsi épargnés ; plus des trois quarts des obus s'enfonçaient profondément dans la terre molle, sans éclater. Plusieurs fois nous fûmes cinglés par cette terre, qu'ils projetaient en tombant, et nous en étions quittes pour une plus ou moins forte émotion. Le talus même de la tranchée en reçut quelques-uns sans que personne fût touché. Ce n'est qu'à l'arrivée et au départ qu'il y eut des victimes. Et puis, il faut en convenir, dans beaucoup de cas, l'artillerie fait heureusement plus de bruit que de besogne.

A la nuit, le froid prend brusquement, et la bataillon se dirige sur Bobigny. Nous faisons plusieurs contre-marches et sommes reportés en avant, pour protéger la retraite de l'artillerie. Tous ces mouvements ne s'exécutent pas sans provoquer des réflexions, où perce autre chose que la patience, la résignation. Le froid sévit plus que jamais; la terre craque sous les pieds, et l'on nous ramène dans la plaine de Bobigny, où l'on forme les faisceaux. C'est là que nous devons passer la nuit..... brrr!!!

Donnant bravement l'exemple, le commandant a bientôt fait dresser sa tente et s'y est installé. Mais on ne l'imite guère. Coucher dehors en pareil temps! Tous n'ont pas ce courage. On reprend les fusils pour chercher meilleur gîte dans les maisons environnantes, dont la plupart sont déjà très-encombrées. N'importe; on s'y installe comme on peut, de la cave au grenier. Encore une triste nuit celle-là! Nous étions, plusieurs officiers et nos ordonnances, dans un angle de bâtiment bombardé. Autour d'un mauvais feu de bois vert, ne donnant aucune chaleur, mais beaucoup de fumée âcre qui nous aveuglait et nous étouffait, nous grelottions en mangeant la soupe. Ce fut en vain qu'ensuite on essaya de dormir, ou que des loustics cherchèrent à placer leurs meilleures plaisanteries : le sommeil ne vint pas plus que le rire; un lit abrité, si mauvais fût-il, eût seul pu nous rendre moins atrabilaires.

Vers minuit, ne tenant plus à pareil supplice et cherchant meilleur logement, j'eus enfin la chance de trouver place dans un petit coin d'ambulance, où je pus faire profiter avec moi de cette heureuse découverte un de nos capitaines, vieux vétéran, que j'y amenai en toute hâte. Merci, pour moi et pour mon compagnon, à l'aimable chirurgien qui nous fit là si bon accueil !

Rapports militaires.

Paris, le 21 décembre, 2 heures.

L'attaque a commencé ce matin sur un grand développement depuis le Mont-Valérien jusqu'à Nogent. Le combat est engagé et continue avec des chances favorables pour nous, sur tous les points. — Cent prisonniers prussiens provenant du Bourget viennent d'être amenés à Saint-Denis. — Le gouverneur est à la tête des troupes.

21 décembre 1870, soir.

Les opérations militaires engagées aujourd'hui ont été interrompues par la nuit.

Sur notre droite, les généraux de Malroy et Blaise, sous les ordres du général Vinoy, ont occupé heureusement Neuilly-sur-Marne, Ville-Evrard et la Maison-Blanche. Le feu de l'ennemi a été éteint sur tous les points où il avait établi des batteries pour arrêter notre action, à la suite d'un combat d'artillerie très-vif.

Le général Favé, commandant l'artillerie de la 3e armée, a été blessé.

Le plateau d'Avron et le fort de Nogent ont appuyé l'opération.

Dès le matin, les troupes de l'amiral de la Roncière ont attaqué le Bourget; elles étaient composées de marins, de troupes de ligne et de gardes-mobiles de la Seine.

La première colonne, qui avait pénétré dans le village, n'a pu s'y maintenir; elle s'est retirée après avoir fait une centaine de prisonniers, qui ont été dirigés sur Paris.

Le général Ducrot fit alors avancer une partie de son artillerie, qui engagea une action très-violente contre les batteries de

Pont-Iblond et [de Blanc-Mesnil. Il occupe ce soir la ferme de Groslay et Drancy.

Du côté du Mont-Valérien, le général Noel, vers sept heures du matin, a fait une feinte démonstration à gauche sur Montretout, au centre sur Buzenval et Longboyau, en même temps que, sur sa droite, le chef de bataillon Faure, commandant le génie du Mont-Valérien, s'emparait de l'île de Chiard. Au moment où cet officier supérieur y pénétrait à la tête d'une compagnie de francs-tireurs de Paris, il fut blessé très-grièvement. Le capitaine Haas, qui commandait cette compagnie, fut tué raide.

La garde nationale mobilisée a été engagée avec les troupes; tous ont montré une grande ardeur.

Le chiffre de nos blessés n'est pas encore connu; il n'est pas très-considérable, eu égard au vaste périmètre sur lequel se sont développées les opérations. Cependant les marins et la garnison de Saint-Denis ont fait des pertes assez sérieuses dans l'attaque du Bourget, qui, d'ailleurs, a été fort contrariée par une brume intense, très-gênante pour l'action de notre artillerie.

Le gouverneur passe la nuit avec les troupes sur le lieu de l'action.

Le général, chef d'état-major général,
SCHMITZ.

IX. — LA FIN DE L'ANNÉE.

Un ennemi qui nous fut aussi funeste que l'autre, c'est le froid. La température sibérienne du lendemain et des jours suivants s'oppose à la continuation des opérations militaires ; il faut de nouveau battre en retraite. Nous arrivons à la période la plus aiguë de cette malheureuse campagne.

Le 20 décembre, à quatre heures, le clairon parcourt les rues du village de Bobigny, pour rallier tous nos hommes au refrain du bataillon, et nous allons coucher à Merlan.

Quiconque ne se ferait pas l'idée des impérieux besoins d'une troupe en campagne, par un temps comme celui dont nous étions accablés, serait tenté maintes fois de crier à la dévastation, à la profanation. Hélas ! il faut vivre pourtant ! Le soir du 20, faute de trouver d'autres combustibles dans Bobigny, nos hommes firent la cuisine et se chauffèrent avec les portes, les fenêtres, les parquets, les charpentes des maisons abandonnées et bombardées, même avec les croix et couronnes du cimetière. Actes sauvages ! diront quelques-uns ; mais ce ne seront pas ceux qui n'avaient aucun autre moyen d'alléger un peu leurs trop rudes souffrances !

Ce qui prouve mieux les rigueurs de la température que tout ce qu'on en pourrait dire, ce sont les rapports officiels, qui constatent dans les tranchées neuf cents cas de congélation en huit jours.

Le 4e bataillon, dans le régiment de Seine-et-Marne, supporta le mieux cette terrible épreuve. Tandis qu'après leur visite du matin les majors des premier et deuxième envoyaient leurs hommes à l'hôpital par cinquantaines, le bataillon de Provins put conserver, à lui seul, un effectif égal à celui de ces deux autres bataillons réunis.

N'y a-t-il pas là de quoi nous faire pardonner nos moyens de chauffage?

Le casernement de Merlan se fait à la nuit; quelques troupes de la division nous ont précédés et ont accaparé tous les logements; aussi n'est-ce pas sans grandes difficultés que nous obtenons des zouaves l'emplacement désigné par notre adjudant-major, emplacement où déjà ils étaient installés.

23 *décembre*. — Le bataillon est envoyé de garde aux tranchées, en avant de Bobigny, où nous passons la nuit. Le service est si peu régulièrement fait, qu'au lieu d'être relevés à la première heure du matin, on nous laisse dans la tranchée jusque dans l'après-midi. Nous revenons coucher à Merlan.

25 *décembre, jour de Noël*. — Prise d'armes à six heures du matin : c'est une sorte de démonstration que nous faisons sur le bord du canal. On nous dirige du côté des tranchées, où nous restons jusqu'à midi.

26 *décembre*. — Le bataillon est de piquet toute la journée. A quatre heures, le

colonel réunit le régiment et nous emmène pour une destination inconnue. Nos clairons jouent la marche du 4ᵉ bataillon, qui est en tête de la colonne.

On entend cette fanfare avec grand plaisir, privés que nous en sommes depuis l'entrée en campagne. Nous avons le secret espoir d'aller prendre un peu de repos à Paris, dont nous suivons la route ; mais nous sommes vite désappointés, car nous arrêtons à Noisy-le-Sec, où l'on s'occupe de notre casernement. Que d'événements depuis le jour de la grande étape où nous sommes venus de Nangis ! Et quand verrons-nous la fin ?

A défaut de lits, nous trouvons généralement, dans nos logements de Noisy-le-Sec, des portes ou des planches à poser sur le carreau, pour y former une couche plus saine ; cela et quelques soins préalables de propreté nous procurent d'assez bonnes installations. Il est vrai que nous ne sommes plus difficiles. Pourvu que le service de grand'garde ne nous tombe pas sur le dos !

27 décembre. — On sonne l'assemblée à

la tombée de la nuit. Que peut-on nous vouloir encore? On prétend que c'est pour changer à nouveau de casernement ; nous y sommes tellement habitués qu'on n'en est pas trop surpris.

Le régiment prend la route de Rosny. Une neige fine et glaciale commence à tomber ; la bonne humeur n'est pas à l'ordre du jour. Quelle n'est pas notre douloureuse surprise lorsque nous traversons Rosny sans nous y arrêter ! Rosny où nous croyions être cantonnés, et qu'il faut laisser derrière nous ! Voici notre colonel. Par-file-à-gauche….. marche ! Nous sommes sur le plateau d'Avron ; la neige tombe toujours ; on forme les faisceaux au milieu des vignes. Une demi-heure après, nous sommes autorisés à ne laisser que quelques factionnaires par compagnie, et l'on nous permet de faire du feu dans les excavations qui se trouvent en arrière du plateau, du côté ouest.

Cette perspective d'une nuit à passer là, fait que quelques hommes, les plus souffrants ou les moins courageux, tentent de retourner à Rosny pour s'y réfugier dans les maisons; mais un cordon de zouaves est établi au bas de la pente et barre la passage à ces fuyards.

Les arbres fruitiers du plateau, pruniers, cerisiers, etc., sont sacrifiés sans miséricorde. Triste guerre! combien d'années sont ensuite nécessaires pour réparer tes dégâts d'une seule nuit? Dans les carrières, ces grands feux de bivouac, avec la réverbération de la neige, sont d'un étrange effet. A voir les groupes de nos soldats éclairés par ces lueurs vacillantes, on dirait une halte de brigands légendaires à l'entrée de leur caverne. Le tableau est saisissant; c'est dommage que nous ayons le loisir de le contempler trop longtemps, jusqu'à en être blasés. A la fin, on quitterait volontiers ce spectacle pour celui, plus prosaïque, d'un simple feu bourgeois ou campagnard dans un logis mieux clos.

Cette nuit-là se passe comme toutes les autres : jusqu'à neuf heures les conversations sont animées; un peu plus tard elles languissent autour de chaque foyer; on n'entend plus que trop souvent une toux sèche, qui se répète sur toute la ligne; un demi-sommeil commence à gagner chacun; on se réveille, on s'assoupit de nouveau, on rouvre les yeux, on les referme, tout cela en baissant le front lentement vers la crosse du fusil tenu entre les jambes, pour se redresser d'un soubresaut. Combien de fois on consulte la montre, dont les aiguilles semblent trop paresseuses! Car elles sont longues ces heures de nuit, qui en décembre commencent sitôt pour finir si tard! Quelquefois on s'offre la consolation d'une goutte, qui ranime un peu; puis la pipe, fidèle compagne du troupier, est bourrée et fumée. Mais le bois va manquer : vite une nouvelle corvée; à bas les pauvres arbres! il faut du feu!

Il en est pourtant parmi nous qui se sont presque habitués à dormir sur la neige, tant il est vrai qu'on s'endurcit à la peine, et qu'on peut graduellement arriver à tout supporter.

Avec quelle joie nous voyons poindre

l'aube à l'horizon! On va donc nous relever, pensons-nous. Ah! quel bon repos nous allons prendre dans le casernement qui va nous échoir!

Ce repos tant désiré, MM. les Allemands ne nous le permirent pas sans mélange de fortes émotions.

A huit heures du matin, un sifflement connu passe au-dessus de nos têtes. Le moment psychologique de monsieur de Bismarck est arrivé; c'est le bombardement qui commence. Nous voyons tomber le premier obus sur les glacis du fort de Rosny. Le bataillon est porté plus avant sur le plateau, où nous stationnons quelques heures. Ordre est donné ensuite de se replier dans le village de Rosny. Le bombardement s'accentue de plus en plus. En montant la rue qui conduit au fort, un obus éclate au milieu de nous, tuant un capitaine de la garde nationale et blessant quelques-uns de ses hommes. Le hasard veut qu'aucun des nôtres ne soit atteint, quoique la rue soit littéralement pleine de moblots; c'est ce qui fait dire à l'un de nos farceurs que ces obus-là ne sont envoyés que pour les bons papas. On nous fait aussitôt entrer dans les maisons en face desquelles nous nous trouvons, et chacun s'y abrite de son mieux. Les caves surtout reçoivent par préférence de nombreux locataires. Les projectiles continuent de pleuvoir sur le village : c'est une grêle affreuse, contre laquelle on ne saurait trop se mettre en sûreté. Toute la nuit nous restons éveillés, attendant à chaque minute un ordre de retraite sur Paris, ordre que nous espérâmes en vain.

Le lendemain matin, le vacarme épouvantable recommence avec plus de furie, et le bataillon, ou plutôt la brigade, se réunit dans la rue de l'église, où nous restons l'arme au pied pendant plus d'une heure, ne comprenant rien à cette sortie intempestive en plein bombardement.

Il s'agit encore de changer notre cantonnement. Le moment nous paraît assez mal choisi ; il faut pourtant s'exécuter. Les maisons qui avoisinent l'église nous sont désignées ; nous nous y précipitons, et, cela va sans dire, aucun retardataire ne reste à flâner par les rues. Exemple de la sécurité qu'on y trouve : l'un de nos cuisiniers, sorti un instant pour prendre de l'eau à une fontaine, nous revient tout tremblant; un obus était tombé sur la pierre de cette fontaine et l'avait brisée, au moment juste où il arrivait pour emplir son bidon. Deux causes contribuaient à nous exposer beaucoup : la direction du fort et le voisinage de l'église, tous deux servant de point de mire à l'ennemi. Un projectile frappa le pignon de la maison occupée par la première compagnie. Et malgré tout ce fracas, nous n'avons eu en deux jours, grâces aux précautions prises, qu'un seul blessé dans le bataillon : nouvelle preuve que les obus sont plus effrayants que terribles.

On nous fait attendre la nuit pour battre en retraite sur Montreuil. Il ne reste de ce côté que le régiment de Seine-et-Marne et quelques gendarmes. Toutes les autres troupes ayant occupé avec nous le plateau d'Avron, l'avaient évacué pendant la nuit précédente.

Conduits par notre vieux colonel, nous montons la route du fort; un seul obus a fait dans le macadam de cette route un énorme trou que nous devons tourner ; nous voyons là combien sont volumineux certains projectiles des canons Krupp. Les fourriers nous ont précédés pour faire le casernement à Montreuil.

Sept heures sonnent quand nous passons près de l'église ; cette cloche, qui nous rappelle au souvenir de la vie ordinaire, nous fait éprouver une agréable sensation ; nous croyons entrer dans un autre monde. Il y a si longtemps que nous n'avons été au contact de la population civile ! Nous savourons cette joie de voir quelques habitants, même des rues éclairées, ce dont nous avions perdu tout à fait l'habitude.

X. — MONTREUIL AUX..... BOMBES.

Dans une chambre assez proprette, où brûle un feu de charbon de terre, le dîner nous attend, un dîner servi à table, ce qui nous semble d'un luxe quasi princier; aussi nous prélassons-nous comme des Sardanapales, en le prolongeant plus que de coutume. Cette maison est pour nous un vrai paradis; elle a aussi des matelas, ce qui est le *nec plus ultra* du confortable en campagne.

Notre première nuit y fut assez tranquille; mais nous ne devions pas longtemps rester dans cette douce quiétude.

Les batteries ennemies se sont rapprochées, et les obus ne tardent pas à tomber dans Montreuil, aussi dru pour le moins que dans notre cantonnement de la ville.

Les Prussiens possèdent le plateau d'Avron évacué, et nous sommes maintenant dans l'éventualité d'une action offensive sur le fort de Rosny; tout maltraité qu'il est, ce fort travaille, s'apprête, fait bonne garde pour les tenir en respect.

A la nuit, le bombardement redouble de violence. Le bataillon est de piquet. A dix heures et demie du soir, on fait sortir les hommes pour former les faisceaux dans la rue. Ce n'est pas sans peine qu'on parvient à réunir les compagnies; nos soldats sont tellement fatigués, éprouvés, découragés, que l'autorité des sous-officiers n'est plus toujours suffisante, et que l'intervention des officiers devient parfois nécessaire pour activer l'exécution des ordres.

A peine le bataillon a-t-il formé les faisceaux et les hommes sont-ils rentrés, qu'un obus renverse les fusils de la cinquième compagnie. Le même projectile pénètre par la fenêtre dans une chambre du premier étage, démolit l'escalier et emplit le rez-de-chaussée d'une fumée nauséabonde et asphyxiante. Le capitaine de la cinquième occupe cette chambre avec ses ordonnances. Que leur est-il arrivé ? On tremble pour eux, on se précipite. Dieu merci ! le brave capitaine ouvre aussitôt la fenêtre, aspire l'air à pleins poumons, et peut nous rassurer sur son sort et celui des deux soldats qui se trouvaient couchés dans la même pièce. Ils ne sont atteints aucunement ni les uns ni les autres.

Avant notre rentrée au logement, un caporal nous fit remarquer qu'on entendait fort distinctement la détonation de la pièce ennemie ; en effet, nous pûmes compter quelques secondes entre le coup assourdi du départ et le fracas de l'explosion à l'arrivée de ce projectile, qui vint tomber à vingt pas de nous.

La veille du jour de l'an, j'obtins du colonel une permission pour Paris.

On sait combien de familles de la province

s'étaient imprudemment réfugiées dans Paris maintenant assiégé. Par contre, beaucoup de Parisiens avaient envoyé en province leurs femmes et leurs enfants.

Quelle triste journée fut celle du premier Janvier !

Ici, c'est un garde national rentrant seul à son logis. Cette maison, l'année dernière, était pleine du joyeux babil des enfants comptant leurs bonbons et leurs jouets reçus en étrennes. Que sont devenus ces enfants et leur mère, depuis qu'on n'a recueilli d'eux aucune nouvelle? Le pays qu'ils habitent est-il au moins exempt d'invasion? Y trouvent-ils le nécessaire ? Ils n'ont cru partir que pour quelques semaines, et avec des ressources insuffisantes pour tant de mois déjà écoulés ; ont-ils pu s'en procurer d'autres quand les premières furent épuisées? A ces inquiétudes, hélas! trop fondées; au souvenir de cette gaieté bruyante de l'an dernier, de ces doux épanchements, de ces fêtes intimes ; à la vue présente de ce logis morne et silencieux, de ce berceau vide, de cette table où il est seul en présence de mets..... dont il n'ose chercher la composition; surtout à la vue des portraits de ces êtres chers, qui continuent de lui sourire, quand il sait que là-bas tous pleurent comme il pleure lui-même ici, il brandit son fusil, le soldat-citoyen. La rage qu'il a au cœur rend son regard terrible : « Quand donc, oh! quand donc, s'écrie-t-il, nous mènera-t-on nous battre ? Quand nous permettra-t-on d'en finir? »

Ailleurs, c'est plus ou moins le même tableau que dans la maison où je suis. Un de ces bons parents parisiens à cœur et bras toujours ouverts a recueilli, installé chez lui belle-sœur, grandes nièces, neveu malade, et leurs huit enfants dont l'aîné a moins de sept ans, tous ayant fui l'invasion, aux horreurs de laquelle restent exposés mari, pères, mères et vieux aïeuls, que d'impérieux motifs retiennent aux pays.

C'est une rude tâche que de trouver chaque jour l'indispensable pour tant de monde, surtout du lait pour ce nourrisson malade qui ne peut s'en passer, ou quelques mets variés pour cet autre bambin dont l'estomac refuse le pain noir et la viande habituels. C'est à chercher cela que le brave oncle se repose très-souvent d'une nuit passée au rempart. Il est parvenu, ce jour de l'an, à se procurer un plat de choix.... pour l'époque. Qu'il est heureux de nous en passer à chacun notre part ! si heureux, qu'il n'en mange pas la sienne, dont la grande moitié s'en va, bouchée à bouchée, augmenter la ration d'un petit. Naturellement, chacun de nous fait comme lui pour son jeune voisin, et c'est quand la marmaille est rassasiée qu'enfin nous savourons ce qui nous reste.

Les nouvelles qui parvenaient à franchir le cercle du blocus n'étaient pas faites non plus pour égayer cette vie parisienne. De notre Brie, nous apprenions que tels habitants, surtout nos maires et divers notables, avaient été emprisonnés, ou fusillés, ou martyrisés jusqu'à en mourir plus affreusement encore ; que telle ville, tel bourg, tel village, pour avoir tenté quelque résistance, avaient été pillés, ou brûlés, ou bombardés sans merci. Heureusement qu'il y avait en tout cela les trois quarts d'exagération ; mais le quart qui reste à votre charge, messieurs les Allemands, ne suffit que trop encore à établir votre réputation peu enviable auprès de quiconque n'a pas une bourse à la place du cœur, auprès de quiconque ne s'aplatit point lâchement devant le plus fort, jusqu'à lui reconnaître tout droit sur l'adversaire qu'il a pu terrasser.

Et vous, chers parents de là-bas, qui dans vos demeures souillées par l'étranger ne cessiez d'entendre les grondements du canon tiré ici, en même temps que vous receviez à notre sujet des nouvelles non moins tristement exagérées ; quelles transes, quels serrements de cœur n'étaient pas les vôtres jour et nuit ! Comme nous, c'était à peine si vous osiez de temps à autre vous communiquer vos affreuses appréhensions ; et ces inquiétudes, ces rêves sanglants, ces désespoirs contenus n'en étaient, pour vous et pour nous, que plus atrocement pénibles !

A ma rentrée à Montreuil, aux premières lueurs du matin, déjà les ménagères faisaient queue à la porte des boulangeries et des boucheries municipales. Vaillantes femmes! dignes émules des Parisiennes! Exposées aux rudes intempéries de la saison, depuis combien de temps attendez-vous le morceau de ce qu'on nomme encore du pain, mais où la farine n'entre plus pour un vingtième, et l'infime ration de cheval qui ne fournira qu'une bouchée pour chaque membre de vos familles ? Et cependant, parmi vous, nulle plainte, nulle récrimination ; rien qu'une douleur contenue, et la noble résignation des antiques Lacédémoniennes. Ah ! pour être muet, votre patriotisme n'en est que plus touchant, et mille fois plus vrai que celui de maints braillards, de ceux-là surtout qu'on entend crier sur tous les tons : « Levée en masse ! guerre à outrance ! » et chez qui le moindre ordre de service est prétexte à réclamations, à insubordinations, à défections de toutes sortes !

Les sentiments d'alors entre la garde nationale et nous autres n'étaient plus ceux du commencement du siége. Après les fraternelles poignées de main et les ovations enthousiastes des premiers temps, l'armée, toujours à la peine, aux fatigues, au péril, s'étonnait et même s'indignait d'y voir trop peu souvent la garde nationale. Sans mettre en doute positivement la bonne volonté de ceux qu'ils appelaient « les outrances », les moblots auraient voulu que leur patriotisme fût manifesté autrement que par des cris et des chants. La plupart de nos hommes se refusaient à comprendre que le gouvernement de la défense avait de puissants motifs pour n'employer une grande partie de la garde nationale qu'aux remparts. Ils ne voyaient que cette chose, qu'il y avait bien quelques bataillons de marche assimilés en certains cas à l'armée active, mais en trop petit nombre et trop peu souvent pour que leur service, à eux, pût être suffisamment allégé.

Ces mécontentements contribuaient, parmi nous, à relâcher la discipline, en même temps que la répression devenait presque impossible, nos divers groupes ne restant jamais que peu de jours au même casernement. Il y avait bien un peloton de punition après l'appel de midi ; mais ce n'était pas là un châtiment efficace. Le moyen qu'on employa quelquefois, et qui réussit mieux, consistait à changer de compagnie les incorrigibles, heureusement très-rares pour l'honneur du bataillon.

Nos anciens capitaines de l'armée souffraient visiblement de cet état de choses, habitués qu'ils étaient à une obéissance complète, qui est la vertu première du soldat. Après que nous avons vu les Allemands tirer de cette obéissance leur force principale, espérons que les réorganisateurs de notre armée, distinguant bien toutefois entre le servilisme et la vraie discipline, parviendront à nous assurer le même grand avantage, qui nous manqua trop partout dans la campagne dernière.

Le bombardement prenait dans notre quartier, à Montreuil, des proportions inquiétantes, et le bataillon dut se rapprocher des fortifications. Le 3 janvier, on nous caserna dans les maisons de la rue de Paris. Il y eut prise d'armes le lendemain matin ; on s'attendait toujours à une attaque sur Rosny. Nous montâmes en avant de la route stratégique avec les zouaves, et, abrités derrière les murs d'espaliers qui couvrent le terrain, nous restâmes plus d'une heure immobiles dans la neige, prêts à tout événement. Le seul événement fut un ordre de retourner à nos gîtes. Il paraît même que c'est par erreur qu'on nous avait dérangés, chose assez habituelle pour n'être pas surprenante.

Pour s'en retourner plus vite, le bataillon fait par-le-flanc-gauche, de sorte que la première compagnie est en queue. Partis trois minutes plus tôt, nous n'avions pas à déplorer le malheur qui survint. Nous allions rentrer à Montreuil, quand un obus tombe et éclate au milieu de notre première compagnie, tenant l'arrière. Presque tous les hommes se sont couchés d'instinct, terrifiés par l'effet de ce projectile, au moment où l'on ne s'y attendait en aucune façon. Ç'avait été foudroyant. Hélas! tous ne se relèvent pas! Nous avons un mort et cinq blessés.

Quel tableau que la vue de cet infortuné camarade, auprès duquel nous nous empressons, pour ne recueillir que son dernier regard et son dernier souffle après quelques minutes! Il a reçu tout le culot de l'obus dans le côté gauche, avec un énorme éclat dans le dos. Heureux encore qu'il n'eut pas le temps de souffrir! Son chassepot est affreusement tordu.

Le corps fut transporté à l'hopital de Vincennes par les hommes d'ambulance qui suivaient le bataillon; et la compagnie le conduisit le surlendemain au cimetière. Notre aumônier présida au service religieux dans la chapelle de l'hospice, et la bière fut portée par les hommes de l'escouade. Un affreux temps de verglas rendit pour eux très-difficile l'accomplissement de ce dernier devoir.

Parents désolés de nos chères victimes, voyez par ces détails que, chaque fois que nous l'avons pu, nous avons fait pour nos morts, et pareillement pour nos blessés, ce que vous auriez fait vous-mêmes. Puisse au moins cette assurance, jointe aux sympathies émues de tous les survivants, être un premier adoucissement pour votre immense douleur!

Ces morts à l'improviste, par des coups inattendus, nous ont toujours plus affectés que les tueries échangées face à face, dans les combats en rase campagne. Au moins là, on se dit : « Si je suis tué, peut-être que j'en aurai tué aussi ; par moi-même ou les camarades, je suis vengé d'avance et le serai encore après par les morts que l'ennemi comptera de son côté. » Les cris des chefs, l'enivrement de la poudre, les bruits terribles de la bataille ont surexité l'enthousiasme patriotique ; l'amour du pays, l'esprit de sacrifice, ou plutôt le complet oubli de soi-même au profit de la nation, deviennent là comme une folie généreuse. Tel qui est ailleurs très-pacifique, et même égoïste, subit la contagion à ce point qu'il se ferait tuer exprès, s'il pouvait assurer ainsi la victoire à son drapeau. Qui tombe mort quand son entourage est monté à ce diapason, n'a fait que recevoir ce qu'on attend soi-même à tout instant ; on l'envie presque d'avoir plus que soi payé sa dette à la patrie. Ce n'est que le lendemain, revenu à la froide raison, que l'on plaindra en bloc toutes ces nobles victimes.

Mais qu'un projectile venant de l'ennemi caché, masqué, claquemuré à plus ou moins de kilomètres on ne sait où, vous tue raide sous la tente, ou vaquant aux soins journaliers, ou revenant de promenade, quand tous rient, plaisantent, se croient en parfaite sécurité, et cela sans possibilité de représailles : voilà ce que nous, Français, nous ne pûmes voir jamais sans la plus triste émotion mêlée d'une sourde rage. Telle est pourtant la tactique préférée de nos ennemis ; leurs plus sanglants exploits sous Paris, on peut dire qu'ils les ont accomplis, le plus souvent, sans qu'aucun d'eux ait risqué le moindre bout d'oreille ; et ils pouvaient rire à froid, du fond de leurs taupinières, à mesure qu'ils nous voyaient tomber. Il faudra bien que nous nous habituions à faire comme eux, si répugnante que soit pour notre caractère cette manière habituelle, non de combattre, mais de massacrer sans même se laisser voir. Toutefois, je suis content que ces moyens-là ne soient pas de notre invention.

De retour à Montreuil, on distribua quelques effets de laine à nos soldats. La bienfaisance privée avait pris l'initiative de ces libéralités, et certes l'on recevait avec reconnaissance les gants, chaussettes, gilets, etc., plus appréciés que n'importe quoi dans tout service au-dehors par les grands froids. Nos compatriotes Briards de grande, moyenne et petite fortune, et même sans fortune, avaient largement contribué à ces cotisations, et ce n'est pas leur faute si nous n'en profitâmes que si tard. Nous pourrions nommer les plus généreux donateurs ; mais eux-mêmes nous répondraient, M. de Greffhule à leur tête, que l'obole du pauvre fut, dans ce cas, aussi méritoire que la plus riche offrande.

Notre vie à Montreuil était très-active, trop active même, car nos soldats en furent bientôt exténués. Outre le service de grand'garde, il fallait fournir tous les deux jours des travailleurs aux forts de Noisy, de Rosny, de Romainville, et le long du chemin de fer de Strasbourg, près de Bondy. Ces travaux, qui consistaient principalement à emplir des sacs à terre, à creuser des tranchées, s'exécutaient de jour et de nuit, et là comme à la grand'garde, on était exposé au bombardement. Il n'y avait pas de nuit que le régiment ne comptât un ou plusieurs blessés. On était inquiété surtout à l'arrivée au travail, en passant à découvert sur la route stratégique.

Une de ces nuits-là, on nous fait prendre les armes à onze heures. On parle d'une reconnaissance sur le plateau d'Avron. Les troupes se réunissent silencieusement; il y a même un entrain qu'on n'a pas vu depuis longtemps, occasionné par l'attrait de la nouveauté, par le désir aussi de ramener des prisonniers, comme l'ont fait les zouaves, nos compagnons de brigade, à une précédente et pareille expédition. Toute cette bonne volonté fut sans effet, un contre-ordre nous faisant bientôt rentrer au casernement.

Qui ne se souvient des notes que l'adjudant-major nous envoyait inopinément, à des heures tout à fait insolites ? Les ordres supérieurs étaient souvent donnés de telle sorte que, chose trop peu rare, c'est à minuit seulement que nous étions réveillés par un planton, pour en recevoir une injonction écrite comme celle-ci : « Telle compagnie devra être rendue au travail du fort de Noisy à sept heures du matin. »

Voilà le programme de la fête de demain ! Amateurs, faites-vous servir. Bon ! s'exclamait-on ; ne pouvait-il venir plus tôt ? Il n'en fallait pas moins courir chez les sous-officiers, et, avec leur aide, réveiller les hommes à la pointe du jour. Quand ces mêmes hommes étaient, la veille, revenus de grand'-garde ou de toute autre corvée, ils ne s'exécutaient ni facilement ni de bonne grâce, on peut le croire. « Misère ! chien de métier ! r..... de Prussiens, etc., etc. » C'était à qui exprimerait avec le plus d'amertume, et le moins de recherche polie quant aux termes, que pareilles fatigues, pareilles tribulations, pareilles souffrances finissaient par dépasser les forces physiques et morales de chacun. En effet, même ceux de nos vétérans que trente années sous le drapeau, et maintes campagnes antérieures, avaient rendus aussi fermes et stoïques qu'on peut l'être, ne pouvaient s'empêcher de répéter aussi parfois : « C'en est trop ! »

XI. — LA BATAILLE DE MONTRETOUT, 19 JANVIER 1871.

Mais non, ce n'était pas même assez. Il fallait que le 4me bataillon de Seine-et-Marne, moins honorablement cité que les autres le 30 novembre, et seulement leur digne émule dans les affaires ultérieures, rachetât l'infériorité lui restant, prouvât par sa conduite exemplaire en un mémorable et dernier combat, qu'il méritait au moins une égale renommée de bravoure.

Le 17 janvier, à dix heures et demie du matin, les troupes de Montreuil se dirigent sur Paris, et de là nous suivons l'itinéraire de notre premier départ de Courbevoie, où nous arrivons prendre notre casernement avant la nuit.

On distribue des vivres dans la journée du lendemain. D'innombrables bataillons de la garde nationale défilent depuis le matin, et se logent dans les quartiers de Courbevoie non encore occupés.

Tous ces bataillons de marche sont remplis d'une belliqueuse ardeur; ils manifestent leur noble entrain par des chants patriotiques, et l'on peut applaudir ces chanteurs : on voit que ce ne sont plus là de ceux que nous avons flétris, vantards bruyants la veille, pour le lendemain fuir honteusement le champ de bataille, en répétant le sempiternel et piteux refrain des couards : « Nous sommes trahis! »

Les officiers, prévenus à minuit, ont pu faire que tous leurs hommes fussent sous les armes deux heures après. Les troupes de la division se réunissent au rond-point de Courbevoie. Le troisième bataillon (Melun et Coulommiers) fait, comme nous, partie de l'expédition, mais encadré dans une autre brigade que la nôtre.

Trois éléments sont répartis dans les corps opérants, à peu près dans les mêmes proportions : troupes ordinaires, mobile, garde nationale. L'aile gauche est commandée par le général Vinoy ; le centre par le général de Bellemare, et la droite par le général Ducrot, qui a refusé la direction en chef du suprême effort que nous allons tenter.

Ordres officiels pour la marche du corps d'armée du centre (dont nous faisons partie).

« Le corps d'armée du centre (Bellemare) sera massé entre le Mont-Valérien et la ferme de la Fouilleuse.

« Il se partagera en trois colonnes : celle de gauche suivra la route dite de la Fouilleuse, passant à gauche de la ferme, rejoindra la route de la plaine, sa gauche appuyée au point 112 ; à partir de ce point, l'objectif de cette colonne sera une maison de la Guette, dite maison du curé.

« Celle du centre traversera la ferme de la Fouilleuse, marchant perpendiculairement à la route allant de la Porte-Jaune à Rueil (route de l'Empereur), franchira cette route et gravira les pentes nord du plateau, ayant pour objectif le point marqué 155.

« Celle de droite passera sur la droite de la Fouilleuse, marchera directement contre le mur du parc de Buzenval, où des brèches seront immédiatement partiquées par le Génie au saillant du centre; elle gravira les pentes, droit devant elle, pour arriver au sommet du plateau.

« Celle de ces trois colonnes qui arrivera la première à la ligne des crêtes poussera vigoureusement, ouvrant, par des brèches nombreuses, les murs qu'elle rencontrera, et s'emparera de la propriété *Craon*. »

La concentration des troupes a été très-laborieuse. Soit que l'État-major n'ait pas donné ses ordres à temps, soit qu'il y ait eu négligence ou difficulté imprévue à les exécuter, cette importante opération ne se fait pas avec toute la célérité, toute la régularité, toute la précision désirables.

Dans les bataillons de la garde nationale, il y a de longs intervalles entre les hommes qui s'emboîtent mal et ne suivent pas assez vite, de sorte que le défilé dure beaucoup plus de temps qu'il ne faudrait. La colonne de droite est gênée dans sa marche par des barricades qu'on n'a pas eu la précaution de détruire. Un régiment d'artillerie a suivi une fausse direction et, coupant les troupes en marche, a causé un retard qui fut, dit-on, préjudiciable au point de compromettre gravement le résultat de la journée.

Il est quatre heures du matin quand nous quittons le rond-point de Courbevoie pour nous mettre en marche.

Voici la voiture du général Trochu, qui se rend au Mont-Valérien. Il s'arrête un instant près de nous et parle à notre colonel, son ancien compagnon d'armes, auquel nous le voyons serrer la main très-cordialement.

Par le rond-point des Bergères, nous suivons la route bien connue du moulin des Gibets, pour nous de peu agréable mémoire. A partir de cet endroit, on a laissé des zouaves en piquet de distance en distance. Ils sont là comme jalonneurs, et chargés en même temps de faire accélérer le mouvement des troupes.

On connaît le terrain calcaire du Mont-Valérien; la pluie des jours derniers l'a beaucoup délayé; la marche est si pénible dans ce gâchis, que plusieurs de nos hommes se trouvent déchaussés, et que les autres n'évitent pareil accident qu'à force de précautions.

Nous atteignons enfin les abords de la Fouilleuse, ex-ferme impériale, située dans la pente sud-ouest du Mont-Valérien. Le régiment se masse par bataillons à la gauche des bâtiments. Le jour commence à poindre, et tout de suite les tirailleurs sont engagés. Il est environ sept heures et demie. On peut juger ainsi du temps que nous avons mis pour faire le trajet de six kilomètres qui nous sépare du rond-point de Courbevoie.

La colonne qui opère devant nous est composée du 11me régiment de la garde nationale. Les zouaves ont obliqué à gauche, sur Montretout.

Nous admirons l'entrain de ces bien-nommés « chacals » gravissant les pentes qui montent au plateau de la Bergerie. Mais voici bientôt que, de son côté, la garde nationale est à l'œuvre, et bravement à l'œuvre.

Après quelques coups isolés, la fusillade devient plus nourrie, plus vive, et les gardes nationaux se rapprochent peu à peu des murs crénelés du parc de Buzenval. Nous appréhendons le moment où ces braves gens vont se trouver à portée des redoutables crénaux ; mais tout à coup éclatent de fortes détonations. Une compagnie du génie a pu se glisser jusque sous les murs, qu'elle vient de faire sauter par la dynamite. On voit une large brèche à l'angle gauche du parc, et, par cette brèche, les gardes nationaux s'élancent à qui plus vite pour combattre sous bois.

Nous, on nous porte en avant de la Fouilleuse, sur la route dite de l'Empereur, où nous restons environ dix minutes. Quelques balles mortes passent au-dessus de la crète et viennent tomber à nos pieds.

A ce moment les zouaves tournent la redoute de Montretout. La brigade nous envoie l'ordre d'avancer.

A notre tour les amis ! En avant, marche ! De l'action !.... de la belle humeur !.... En avant ! en avant ! !....

Et le bataillon, qui tient la tête du régiment, s'ébranle, s'élance avec un entrain irrésistible, précédé de son brave commandant Arnould, tandis que notre lieutenant-colonel de Courcy, en avant comme toujours, communique à tous son bouillant courage. Ni les vignes à traverser, ni les fossés à franchir, ni une claie barrant le passage et qu'il nous faut abattre, aucun obstacle enfin ne peut arrêter cette course admirable d'ardeur.... Nous voilà sur le plateau !

Notre première compagnie s'engage sous bois. Nous sommes plus avancés que le reste du bataillon, à cause du taillis qui se prolonge en pointe à l'endroit que nous occupons, et dont nous gardons la lisière en face de Garches. Là, nous retrouvons les gardes nationaux qui sont aux prises avec l'ennemi, et nous commençons le feu de notre côté. De toutes parts on sonne la charge ; la fusillade crépite on ne peut plus nourrie, précipitée, sur notre ligne de bataille. Les autres compagnies, développées à notre gauche, se relient à la droite des zouaves ; et notre droite, à nous, s'appuie au mur du parc de Buzenval. De notre position, nous voyons distinctement les maisons de Garches, d'où l'ennemi nous accable de sa mousqueterie ; et la riposte efficace est difficile, abrités qu'ils sont, eux autres, les éternels prudents, derrière leurs murs trop bien crénelés.

A un certain moment, nos hommes étant postés dans un fossé qui borde le bois, où ils attendent les nouvelles phases pouvant surgir, nous nous asseyons près de là, un officier de la garde nationale et moi, au pied d'un chêne auquel nous nous adossons. Une balle ne tarde pas à venir frapper, à hauteur d'homme, l'arbre qui nous sert d'appui ; cette balle, à bout de portée, a rebondi non loin de là ; nous nous disposions à la ramasser, quand une seconde arrive au même but. A cette double et courtoise invitation de ne pas prolonger plus longtemps là notre séjour, je n'ai pas besoin de dire que nous nous hâtâmes de choisir un autre lieu de repos.

Le feu se ralentit à ce moment, mais sans toutefois discontinuer ; il y eut seulement des intermittences de quelques minutes.

C'est alors que certains de nos hommes, sous-officiers, caporaux, soldats, purent donner là, plus que partout ailleurs, l'exemple d'une véritable bravoure. On les vit s'élancer hardiment à plus ou moins de distance en avant du bois, où sont des arbres disséminés dans la pente. Bientôt abrités, un, deux au plus, derrière ceux des arbres les mieux situés pour un bon tir, ils épuisèrent tranquillement leurs munitions aux dépens de l'ennemi, visant aux bons endroits, avec un sans-gêne et un flegme admirables, malgré la riposte à presque chacun de leurs coups par de véritables feux de peloton. Un de ces tirailleurs, placé deuxième derrière un arbre trop petit, s'affaisse étant frappé, blessé d'une balle à la jambe ; la fusillade ennemie devient aussitôt des plus vives où on l'a vu tomber ; on ne put l'aller relever qu'au bout d'un quart d'heure, pour le transporter avec mille peines dans une toile de tente. Ce sont de tels hommes, connus de tous dans chaque compagnie, qui nous ont valu ce compliment flatteur des zouaves embrigadés avec nous : « Ce ne sont plus des moblots, ceux-là, mais de vrais zouzous, moins l'uniforme. »

Quelques pièces d'artillerie furent montées au coin du parc de Buzenval. Le terrain était détrempé, tellement que les roues enfonçaient jusqu'au moyeu ; après de grands efforts, on parvint cependant à les mettre en batterie. Deux compagnies du

84ᵉ bataillon de la garde nationale, détachées d'avec nous, furent placées en avant de ces pièces pour les protéger.

Mais l'artillerie ennemie, qui vient d'arriver de Versailles, entre bientôt en ligne dans la plaine de Garches. Les obus passent au-dessus de nous et tombent à la gauche du bataillon, ce qui force à opérer, de ce côté, plusieurs déplacements. C'est là que le lieutenant Roger, de notre 8ᵐᵉ compagnie, qui s'était partout distingué, notamment sur le plateau de Villiers, fut atteint mortellement d'un éclat d'obus. Honneur à lui ! C'était un brave.

A trois heures, le bombardement des Prussiens cesse subitement. Ils ont reçu des renforts, et leurs troupes fraîches vont reprendre vigoureusement l'offensive. Pour qui avait l'expérience du métier, cette suspension aussi immédiate qu'inattendue du feu de leur artillerie indiquait le rôle actif qu'allait prendre leur infanterie.

En effet, les colonnes ennemies se ruent sur toute la ligne avec un merveilleux ensemble, et même avec une impétuosité qui leur est peu commune. Elles sont accueillies par une vive fusillade ; cependant nos troupes, qui combattent depuis le matin, commencent un mouvement de recul devant leurs forces imposantes ; mais ce n'est pas une retraite, et l'on se remet vite de cette brusque irruption. Nous entendons de nouveau crier « en avant! » Ceux de nos hommes qui se trouvent à portée des chefs, ralliés immédiatement, sont aussitôt replacés dans la position abandonnée un instant, et nous y continuons la bataille.

Alors s'engage un violent combat de mousqueterie ; c'est une vraie pluie de balles ; leurs sifflements aigus déchirent les oreilles ; les branches cassent sous le plomb avec un pétillement sec ; nous sommes enveloppés d'un nuage de fumée ; les projectiles nous arrivent de toutes parts, en face, à droite, à gauche, au point que nous crûmes un instant être cernés. Enfin, il faut que nous cédions au nombre ; mais nous sommes aguerris maintenant, et c'est en continuant le combat que, pas à pas, sans précipitation, froidement — ce qui garantit mieux que toute autre conduite, en pareil cas — nous nous replions jusqu'à la hauteur du front de notre bataillon.

Quelques compagnies du deuxième (Meaux) viennent bientôt nous relever, et nous sortons par la même brèche du parc de Buzenval que les gardes nationaux ont franchie le matin sous nos yeux.

Tous les pelotons n'ayant pas été relevés au même instant, il en résulte que le bataillon se trouve disséminé autour de la Fouilleuse. Le commandant essaie de rallier tous ses hommes; mais la nuit rend impossible cette opération. Les groupes de gardes nationaux, de mobiles et de zouaves, tâchent ici et là de se reconnaître et de se reconstituer. Le capitaine de la cinquième compagnie, que nous rencontrons, parvient à reformer une partie du bataillon; puis il attend plus d'une heure des ordres qui n'arrivent pas. Enfin il prend sur lui de nous ramener au casernement.

Cette route de Courbevoie nous paraît bien longue; nous sommes tristes et silencieux; les voitures d'ambulance se suivent nombreuses et chargées au complet, hélas!... Que sont devenus les absents, le frère, l'ami, le compagnon habituel qu'on n'a pas revus depuis tel instant du combat, et dont personne ne peut donner aucune nouvelle? Cruelle anxiété!

Il est environ minuit lorsque nous arrivons à Courbevoie. Les hommes, qui ont vécu d'un biscuit grignoté à la hâte, ont sac au dos depuis vingt-deux heures. Chacun court auprès des camarades rentrés comme lui, ou qui reviennent successivement, pour tâcher d'en obtenir quelques renseignements sur ceux encore absents qui particulièrement l'intéressent. Ah! les bonnes et franches étreintes à mesure qu'on a le bonheur de se retrouver, après une telle journée! Bonheur égoïste du premier moment, vite assombri le lendemain, aussitôt que l'on put connaître la nombreuse liste des victimes!

Rapport du Colonel au Général.

20 janvier 1871.

Mon général,

J'ai l'honneur de vous rendre compte de la journée d'hier, 19 janvier 1871.

Ainsi que vous m'en avez donné l'ordre, j'ai envoyé le 4me bataillon, déployé en bataille, pour reprendre les positions de la crête du plateau de Garches, plateau occupé tout d'abord par les zouaves et le 11me régiment de garde nationale mobilisée. Ces derniers, fatigués, s'étant retirés, le 4me bataillon remplit sa mission et refoula dans le village l'ennemi qui gravissait déjà à mi-côte le versant opposé.

Craignant d'être découvert sur ma droite, vous m'avez envoyé deux autres compagnies du 1er bataillon, qui vinrent renforcer ma ligne de bataille du côté du parc de Buzenval.

Vers midi, une nouvelle tentative d'attaque fut faite par l'ennemi; elle fut repoussée,

La bataille de Montretout

grâce à l'énergie du 4me bataillon, renforcé des deux compagnies du 1er, et plus tard de quatre autres compagnies de ce même bataillon, que vous m'avez envoyées pour me seconder plus amplement.

Appuyé à gauche au 4me zouaves, à droite sur les premiers angles du parc de Buzenval, mon régiment maintint la situation, à moitié du versant, du côté de Garches.

A midi et demi, un bombardement sérieux vint balayer la crête que nous occupions, et dura deux heures. Mon régiment supporta énergiquement ce bombardement, qui ne faisait que précéder une attaque de la part de l'ennemi.

Enfin les hommes, qui combattaient depuis neuf heures du matin, fatigués et presque dépourvus de cartouches, furent soutenus par le 2me bataillon, auquel vous avez donné l'ordre de se porter en avant, ainsi qu'à votre réserve, le 14me régiment de garde nationale mobilisée.

La nuit arrivant, vous fîtes replier le 4me et le 1er bataillon, trop fatigués et dépourvus de cartouches (ils se sont maintenus depuis neuf heures du matin jusqu'à cinq heures du soir). Ils furent suivis par le 14me régiment de garde nationale.

Le 2me bataillon, soutenu par un bataillon de zouaves que vous avez envoyé à son aide, maintint la situation jusqu'à la nuit close.

L'obscurité étant complète, ces deux bataillons (2me de Seine-et-Marne et Zouaves), qui devaient être relevés par le 135me de ligne qui ne put arriver, restèrent dans le parc, abrités par les murs que vous avez fait créneler, soutinrent l'attaque de l'ennemi jusqu'à deux heures du matin, résistèrent à tous ses efforts, et ne se replièrent que sur l'ordre qui en fut donné par monsieur le général de division de Bellemare, et transmis par l'adjudant du 4me zouaves.

Mon général, permettez-moi, à la suite de ce rapport succinct, de vous prier de prendre en considération la bonne et énergique tenue du régiment, qui est d'autant plus méritante que ce régiment est composé de jeunes soldats et de jeunes officiers qui, il y a cinq mois à peine, étaient ignorants des premiers éléments du métier militaire.

Ci-joint l'état des pertes qui s'élèvent à :

```
  1 officier                    tué,
  6    «                        blessés,
 35 sous-officiers et soldats tués,
152    «              «        blessés,
 27    «              «        disparus.
―――
221
```

Le Colonel,
Franceschetti.

Si jamais chiffres furent éloquents, ce sont ceux qui précèdent, pour attester la noble part que sut prendre le régiment de Seine-et-Marne à cette journée de Montretout.

Et les chiffres suivants, qui montrent notre 4me bataillon fournissant, hélas ! plus de victimes à lui seul que tous les autres ensemble ; quelle preuve à la fois plus convaincante, irrécusable — mais douloureuse aussi — de son glorieux entrain et de son généreux dévouement à ce dernier combat! Qu'on en juge.

Sur les chiffres ci-dessus, les pertes du seul bataillon de Provins ont été :

1 officier		tué,
4 «		blessés,
17 sous-officiers et soldats		tués,
79 «	«	blessés,
15 «	«	disparus.

116, sur l'ensemble ci-dessus de 221.

A ce chapitre déjà si long, nous n'ajouterons pas un autre document où notre lieutenant-colonel, M. de Courcy, est montré plus vaillant que jamais à cette journée du 19, tant à notre tête que dans l'action générale. Mais qu'il nous soit permis d'en citer au moins la conclusion.

« Le 4ᵉ bataillon a combattu neuf heures et demie sans prendre un instant de repos. Ce bataillon et le deuxième, par leur concours pendant toute la journée, ont mérité cette phrase dans le rapport du général en chef :

« La conduite des mobiles de Seine-et-Marne a été telle que l'on peut compter sur eux comme sur le meilleur et le plus solide régiment de l'armée. »

XII. — APRÈS LA BATAILLE.

Pendant la semaine qui suivit Montretout, il va sans dire que cette journée fut le sujet de toutes nos conversations. On aimait à se rappeler la belle conduite de nos officiers supérieurs. On vantait, comme toujours, l'intrépidité du lieutenant-colonel. En effet, à tous nos engagements sérieux, nous l'avions vu galoper devant nos lignes, guidant notre tir et nos mouvements, activant ceux-ci, modérant ceux-là, faisant coucher ou déplacer tels autres qu'il jugeait trop exposés, en un mot voyant tout et dirigeant tout en conséquence. Une accalmie se produisait-elle de notre côté, il courait vite ailleurs, où ça tonnait plus fort, pour continuer à s'y prodiguer, à s'y exposer comme à plaisir. Et M. de Courcy était revenu de tout cela sans une égratignure! D'autres ayant été vus également aussi chanceux que braves, on finissait par croire que les projectiles de guerre, comme certains feux-follets, s'éloignent de qui les approche, poursuivant au contraire qui veut les fuir. Pourtant un naïf garçon, qui s'était appliqué constamment, lui, à conserver intact le prétendu de sa Joséphine, s'expliquait d'une autre manière que l'on pût être si hardi impunément : « Pardine! nous disait-il à mi-voix et presque tremblant, bien sûr que c'est un secret magique, une amulette enchantée, un pacte infernal, ou quelque talisman du diable qui les garantit. »

Notre digne commandant Arnould recevait également sa juste part des éloges unanimes. Il avait montré là, encore plus que partout ailleurs, que l'activité, l'entrain, le courage, l'attention à garantir les soldats plus que soi-même, enfin l'amour du devoir pleinement, noblement accompli, n'étaient pas moindres chez lui que la bonté, la tolérance bien entendue, la modestie naturelle que tous lui connaissaient dans le service et les relations ordinaires.

On ne citait pas moins le zèle infatigable de notre aumônier, M. l'abbé Raymond, qui s'était multiplié ce jour-là, faisant fonctions d'ambulancier, d'officier d'ordonnance et de capitaine, entraînant ou ramenant les moins braves au combat qu'il affrontait lui-même, excitant les uns et encourageant les autres de la voix, du geste et de l'exemple, tout cela sans préjudice de sa mission religieuse.

On parlait aussi de nos dévoués chirurgiens, prodiguant jour et nuit leurs soins aux blessés dans la ferme de la Fouilleuse, et partout ailleurs où il s'en trouvait. Cela doublait en nous la reconnaissance que déjà précédemment ils avaient si bien méritée par leur zèle toujours empressé, presque fraternel, auprès de quiconque avait dû recourir à leur science, à leur habileté, en n'importe quelle occasion. Et c'est tout le monde qui, peu ou beaucoup, pendant cette rude campagne, avait eu affaire à nos médecins : c'est donc tout le bataillon qui promettait à nos chers docteurs, MM. Phélebon et Gaillard, un de ses meilleurs et plus constants souvenirs.

Enfin on se racontait réciproquement le rôle plus ou moins connu, plus ou moins accentué de chaque compagnie dans l'action générale, et les actes de bravoure individuelle plus ou moins remarqués ailleurs et parmi nous. Bref, on arrivait à conclure que nous devions être contents de nous, que nous nous étions battus ce jour-là en véritables troupiers, de manière à mériter plus que jamais les éloges que nous adressaient cordialement nos bons amis les zouaves.

Un de ces zouaves, ancien camarade étudiant d'un moblot de chez nous, sut nous flatter plus qu'aucun autre. Nous le connaissions assez mauvaise tête et assez peu courtois, mais, par compensation, rude combattant et crânement brave dans tout danger. Il disait, parlant de nous : « Ces gamins-là finissent par me vexer ; pour peu qu'ils continuent, il nous faudra plus faire dorénavant, à côté d'eux, pour obtenir de nos chefs un « ça n'est pas trop mal ! » qu'autrefois pour gagner une décoration. »

Les journaux de Paris daignèrent aussi nous féliciter chaudement. Et certes nous étions fiers pour nous, pour nos familles, pour notre département tout entier, de pouvoir lire dans le *Gaulois* du 24 janvier, sous ce titre : « Quelques épisodes du 19. »

« Le régiment de Seine-et-Marne a payé une fois de plus sa dette de sang à la défense de Paris. 221 des enfants de la Brie sont encore tombés Jeudi sur les crêtes de Buzenval, disputant pied à pied le terrain à l'ennemi qui, le soir, appuyé par des réserves et une artillerie formidables, s'efforçait de reprendre ses positions. Lancé vigoureusement par son colonel au moment où la retraite s'accentuait, il prenait, avec ses trois bataillons engagés, les positions terribles qui font face à Garches, et s'y maintenait énergiquement, couvrant nos colonnes en retraite et repoussant l'agression de l'ennemi. C'est une poignée des enfants de ce régiment qui, se jetant la nuit dans le parc de Buzenval, avait l'honneur, de concert avec les braves zouaves du général Fournès, de rester les derniers à maintenir nos positions. »

« Comme à la Malmaison, à Bry, à Champigny, à Avron, le régiment de Seine-et-Marne semble réservé, avec les zouaves, au périlleux honneur de soutenir les derniers efforts de la journée. »

Dans un autre journal, le *Rappel,* parut vers le même temps un article encore plus élogieux à notre sujet.

Mais reprenons le cours de notre récit.

Le 20 janvier, lendemain du combat, on s'occupa du nettoyage des armes et des effets, et on compléta les provisions de cartouches.

Nous fûmes de piquet le 21. Grand émoi parmi les Parisiens ; beaucoup de bruit faisait craindre des troubles.

22 Janvier. — A dix heures du matin, le bataillon prend les armes et se dirige sur Paris. Arrivés à la hauteur des Champs-Elysées, nous rencontrons un régiment de cuirassiers en patrouille, sabres nus, colonel en tête, et les éclaireurs pistolets au poing. C'est d'un aspect imposant, propre à inspirer la réflexion, à intimider beaucoup des faiseurs de barricades. Un contre-ordre nous ramène à Neuilly, mais pour en repartir à nouveau quelques heures après. Nous nous arrêtons cette fois sur le rond-point des Champs-Elysées, où nous formons les faisseaux, pour ne nous en retourner qu'à la nuit, quand l'ordre est tout-à-fait rétabli à l'Hôtel de ville.

Du 23 au 24 Janvier. — Séjour à Neuilly, rue du marché.

25 *Janvier*. — On se rend, par le chemin de fer de ceinture, à Montreuil, où le bataillon reprend son ancien cantonnement.

26 *Janvier*. — Nous sommes de grand'garde aux tranchées et à la redoute de la Boissière jusqu'au lendemain matin. C'est là que nous

parvint à minuit l'ordre de cesser le feu, transmis sur toute la ligne. On venait de signer l'armistice, et chacun sentait bien que, cet armistice, c'était la paix conclue bientôt, avec telles conditions qu'il plairait au vainqueur d'imposer à notre malheureux pays.

Depuis le 27 Novembre, notre bataillon, comme tant d'autres, sans jamais être sûr du lendemain, n'avait pas eu un seul moment de repos; nous avions souffert toutes les misères possibles, enduré toutes les privations, toutes les angoisses, toutes les douleurs imaginables; réellement nous n'en pouvions plus. Donc, étant connue d'ailleurs l'impossibilité de continuer la lutte avec chance de succès, il se conçoit que la plupart d'entre nous désiraient la fin de cette horrible guerre.

Toutefois, pourrait-on s'empêcher de le dire? la nouvelle de l'armistice ne fut pas accueillie, par un certain nombre, comme elle aurait dû l'être.

Si nous eûmes alors nos *Outrances*, — braves *Outrances*, ceux-là, mais peu sensés,

— disant avec colère qu'on aurait dû combattre jusqu'à extinction ; si nous eûmes aussi nos patriotes moins ardents, restant graves, tristes, concentrés, comme il convenait à notre situation de vaincus ; combien d'autres n'eurent pas cette pudeur, montrant leur satisfaction sans réserve, leur joie trop éclatante, enfin, disons le mot, leur égoïsme plus déplacé que jamais en un pareil moment. La pensée intime de ceux-ci : « Puisque je m'en tire sain et sauf, tant pis du reste ! » on la voyait trop percer au dehors pour que, meilleurs Français, les premiers n'en fussent pas, soit indignés, soit au moins péniblement impressionnés.

C'est pour être constamment vrai, sincère en tout, que j'ai dû ajouter cette ombre et quelques autres au tableau de notre campagne, tableau qui n'en reste pas moins paré d'actions presque toujours honorables, et quelquefois brillantes.

Le siège durait depuis 133 jours. De grands sacrifices avaient été faits ; le bombardement avait porté la mort et la dévastation dans maints quartiers; enfin le hideux spectre de la Famine se montrait de jour en jour plus menaçant, plus horrible aux yeux de tous. Deux millions d'êtres, femmes, enfants, vieillards, soldats épuisés, ne pouvaient plus qu'attendre, sans pain, l'agonie du désespoir; et c'est pour conjurer cette affreuse catastrophe que Paris fut rendu. Oui, Paris tomba, mais tomba noblement, fièrement, avec la suprême consolation de pouvoir se dire : « J'ai beaucoup perdu, mais l'honneur est plus qu'intact; il est au double, et pour toujours, buriné dans l'Histoire. »

XIII. — DERNIERS JOURS A PARIS.

Le bataillon prit les armes le 28 Janvier, pour venir à la porte de Montreuil maintenir les gardes nationaux, qui déjà menaçaient de s'emparer des forts.

Toutes les troupes rentrèrent dans Paris le lendemain, et nous eûmes pour logement des baraques sur le boulevard Ménilmontant, en face le cimetière du Père-Lachaise.

Ce fut pitié de voir là combien le désordre, l'indiscipline, la désorganisation furent vite introduits parmi nous. Privés de leurs fusils en exécution de l'armistice, les hommes n'eurent plus ni service commandé, ni manœuvres, ni exercices ; abandonnés au désœuvrement, beaucoup se considérèrent comme libres, déchargés par le fait de toute obligation militaire, et agirent en conséquence.

Il n'y avait plus qu'un appel à midi, et chaque jour les absences, de plus en plus nombreuses, étaient constatées dans les diverses compagnies. Pour ceux qui restèrent, le séjour dans ce quartier fut profondément regrettable à plus d'un titre, surtout à cause des mauvaises habitudes qu'il n'était que trop facile d'y contracter.

C'est alors que vinrent nous voir les parents, accourus en toute hâte aussitôt qu'il leur fut possible d'entrer à Paris. Nous renonçons à décrire l'accueil fait aux divers arrivants : ils sont entourés, pressés, questionnés, embrassés, bousculés, ahuris par vingt compatriotes leur parlant tous à la fois. Et quelle joie, quelles étreintes, quelles douces larmes lorsque enfin ce père, cette mère, cette épouse ont pu trouver l'heureux moblot qu'ils ont tant craint de perdre! Ils le tiennent, le pressent, l'entraînent comme pour lui dire : « Maintenant, tu ne nous quitteras plus ! »

Ajoutons que les visiteurs venaient rarement sans provisions; et Dieu sait comme ils étaient aussi les bienvenus parmi nous les jambons, saucissons, gigots, tranches de bœuf, lapins, volailles, surtout le pain blanc, le fromage et les fruits de notre pays !

Mes camarades de la Ferté-Gaucher se rappellent avec quel bonheur nous avons entendu deux de nos concitoyens, les premiers venus à Paris, nous donner des nouvelles rassurantes de notre ville et de nos familles, nouvelles bientôt corroborées par nos parents eux-mêmes.

Ces visites-là, rappelant la vie de famille et y reportant les aspirations, achevèrent de gâter nos soldats. On n'y tint plus : casernement, repas à l'ordinaire, uniforme, séjour de Paris, tout gênait, ennuyait, pesait, accablait chacun, augmentait sa nostalgie, lui faisait chaque jour désirer plus son retour aux habitudes et au bon air du pays natal.

Beaucoup de nos hommes, usant de l'argent que les familles purent alors envoyer, se nourrissaient et logeaient en ville. Ceux qui étaient forcés de vivre et de coucher au baraquement furent bien à plaindre ; on y était mal pour maintes raisons, surtout à cause de la vermine et du froid. Cependant on a vu de braves garçons, malgré les mille tentations que Paris leur offrait, supporter là jusqu'au bout, et sans murmurer, cette continuation de misères et de privations.

Mais le quartier, paraît-il, finit par n'être pas très-sûr pour des soldats désarmés. Après avoir tant souffert pour la défense de Paris, ils y étaient exposés, là, aux sarcasmes, aux vexations, aux injures, même aux voies de fait d'une certaine écume de la population. Pour éviter de regrettables conflits, on nous envoya bivouaquer, le 1er mars, sur l'avenue Lowendall, derrière les Invalides.

C'est de là que nous entendîmes les Prussiens, pendant la nuit du 2, faire aux Champs-

Elysées..... ce qu'ils ont appelé leur entrée triomphale ! !

Enfin le 6 mars, le bienheureux ordre de départ et de licenciement nous arriva. Ce qui restait du bataillon fut rassemblé sous le commandement du capitaine Guillebaud, chargé de nous conduire jusqu'au lieu de séparation.

L'ordre fut maintenu sévèrement à la première étape, pendant laquelle nous eûmes la douleur de voyager, tristement désarmés, presque toujours au milieu des Prussiens. Grâce à une surveillance continue et à des recommandations souvent renouvelées, notre attitude à tous, officiers et soldats, conserva la dignité froide qu'il convenait d'avoir en présence de nos vainqueurs, et nous arrivâmes ainsi, le premier soir, à Brie-comte-Robert. L'adjudant conduisit et fit loger les hommes dans une ferme à près de trois kilomètres, sur la route de Chevry.

La colonne se remit en marche le lendemain de grand matin, et, passant par Tournan et Fontenay-Trésigny, parvint à Rozoy, où nous devions nous quitter.

Après dîner commencèrent les adieux. C'est alors que, malgré toute la satisfaction que chacun ressentait de bientôt revoir son pays et les siens, beaucoup ne purent s'empêcher d'avoir le cœur serré, les yeux gros; avouons même que plus d'une larme furtive accompagna les dernières poignées de main ou les dernières embrassades, entre compagnons d'armes dont quelques-uns ne se reverront plus.

Et cela se conçoit : six mois de cette vie-là passés ensemble, partageant tour à tour l'abondance et la disette, le bon gîte et le coucher dans la neige, les joyeux quarts d'heure et les moments affreux, les succès délirants et les défaites sanglantes, six mois pareils avaient cimenté entre beaucoup une estime réciproque, de vives sympathies, de véritables amitiés fraternelles. Pour les vieux officiers organisateurs et instructeurs de notre bataillon, c'était plus encore : chacun de nous éprouvait à leur égard une sorte de respectueuse affection filiale. C'est de vous que je parle, capitaine Guillebaud, corps de bronze, membres d'acier, cœur d'or, que les plus pénibles traverses, et la mitraille, et tout le tremblement, ne firent jamais se plaindre ni sourciller, provoquant au contraire vos boutades qui nous forçaient à rire, à reprendre courage, à ne plus craindre aucun danger. Je parle également de vous, capitaine Havard, non moins digne représentant parmi nous de l'ancienne armée française, sévère dans le service, brave entre tous au champ de bataille, puis aimant, dévoué, sensible pour vos souffrants, vos blessés, pleurant vos morts comme un véritable et bon père. De vous deux nous avons dit et nous répétons souvent : « Où n'irait-on pas, que ne ferait-on pas de bon cœur et sans crainte, sous la conduite de pareils hommes ? »

Et vous, bon vieux capitaine Monin, paisible laboureur aux cheveux blancs, qui vous improvisâtes guerrier quand la patrie fut menacée, pour servir de modèle à nous autres, les jeunes ; j'étais là quand vous avez dit à vos hommes, en un moment des plus critiques : « Que voulez-vous, mes enfants ! le vin est tiré, faut le boire, et le boire autant que possible sans grimace. » Vous fûtes le seul à ne pas voir que vous étiez alors..... tout naïvement sublime.

Oh ! les braves gens ! les beaux types ! les généreux cœurs ! Combien nous étions fiers de les compter parmi nous. Combien je suis sûr que, de tous leurs chefs, leurs égaux, leurs subordonnés de cette campagne de Paris, aucun n'oubliera de sa vie leurs noms aimés, leurs traits vénérés, leurs actions nobles, exemplaires en toute occasion !

Donc je le répète, il se comprend que, sans ridicule sensiblerie, on ait pleuré en quittant de tels hommes, et beaucoup d'autres qui, non désignés ici parce qu'ils étaient moins connus de tous, s'étaient acquis également, à divers titres, l'estime et l'affection de leur entourage.

XIV. — CHACUN CHEZ NOUS.

Nous voici rendus à nos demeures, à nos familles, à nos occupations, à toutes nos habitudes premières. De notre vie de soldats pendant six mois terribles, il ne nous reste que nos souvenirs, chers souvenirs que nous aimons tant à nous remémorer quand nous sommes réunis à plusieurs, officiers, sous-ofciers, moblots, redevenus camarades égaux comme précédemment. Qu'ils seraient plus beaux, ces souvenirs, si nos efforts et ceux de nos frères de toutes armes avaient pu aboutir au triomphe! Le sort nous a refusé cette joie suprême, autrefois si connue de nos pères. Consolons-nous en disant que ce n'est pas notre faute ; car tout ce qu'on pouvait attendre de soldats improvisés, nous l'avons donné grandement : les vieux que j'ai nommés le proclament, ainsi que tous les chefs qui nous ont vus à l'œuvre. Une dernière preuve, la plus concluante à ce sujet et pour nous infiniment précieuse, est la lettre suivante de notre lieutenant-colonel au *Nouvelliste de Seine-et-Marne,* journal qui fut heureux de la reproduire.

Château de Boissise, 15 octobre 1871.

Monsieur le directeur,

Je viens vous prier d'insérer dans votre prochain numéro l'honorable témoignage de gloire que le régiment des mobiles de Seine-et-Marne a su mériter pour sa belle conduite pendant le siége de Paris.

Une commission militaire a été chargée par le Ministre de la Guerre du classement, par ordre de mérite, des régiments de mobiles qui ont pris part à la guerre, soit à Paris, soit dans les départements.

Le 38me régiment de mobiles (Seine-et-Marne) a été classé numéro 2, sur tous les régiments de mobiles de France.

Le Loiret a été classé numéro 1. Son colonel, M. le comte de Montbrison, a été tué en combattant à sa tête, le 19 janvier, à l'attaque du parc de Buzenval; et en toute circonstance le Loiret s'est admirablement comporté.

Les services rendus par le régiment de Seine-et-Marne pendant tout le temps des opérations, sa belle tenue, et sa conduite devant l'ennemi à la Malmaison, à Champigny, au Bourget, au plateau d'Avron, à Buzenval, et dans toutes les autres circonstances où il fut mis en avant, lui ont valu cet honneur.

Je suis heureux, monsieur le directeur, de vous donner connaissance de ce fait glorieux pour le département; il n'est, du reste, que la juste récompense des efforts, de la résignation et du courage que les braves enfants de la Brie n'ont cessé de montrer, jusqu'au dernier jour, pendant cette rude et cruelle campagne.

Convaincu d'avance du plaisir que vous aurez à porter cette flatteuse et honorable nouvelle à la connaissance de tous, je me permets, monsieur le directeur, de vous remercier d'avance de la place que vous voudrez bien lui donner dans votre prochain numéro, et vous prie de croire, monsieur, à l'assurance de mes sentiments les plus distingués.

Vicomte de Courcy.
Ex-lieutenant-colonel,
Commandant le 38ᵉ régiment
(Mobiles de Seine-et-Marne).

Ainsi, de tous les mobiles de France, nous sommes les seconds par ordre de mérite, eu égard à la tenue, à la conduite, au courage, aux services rendus. N'en tirons pas vanité, chers camarades ; disons-nous que d'autres, qui se trouvent plus modestement partagés, auraient sans doute obtenu semblable distinction, s'ils avaient été mis autant que nous à même de prouver leur valeur. Mais espérons du moins que, un pareil témoignage entendu, on nous reconnaîtra le droit de dire hautement : « Nous avons fait notre devoir. »

Certaines gens nous l'ont plus ou moins contesté jusqu'à présent, ce droit, et de diverses manières.

Les uns, que leur patriotisme froissé, blessé dans ce qu'il avait de plus cher, a rendus peu aptes à trouver les causes vraies, croient bonnement que l'armée entière, nous compris, doit assumer beaucoup la responsabilité de nos désastres : batailles, milliards, provinces, prestige perdus quant à présent, au profit de nos vainqueurs. — Amis, leur disons-nous, les coupables ne furent pas les combattants, nous et les autres; cherchez mieux, avec impartialité, sans prévention, et bientôt vous cesserez de reprocher les fautes à ceux qui n'en ont été que les plus malheureuses victimes.

D'autres, foudres de guerre en leurs fauteuils capitonnés, ou gagneurs infaillibles de batailles dans leur club, leur café, leur cabaret, affirment que, à notre place, ils eussent ressaisi, assuré la victoire finale par telles audaces, telles ruses, telles habiletés qui nous ont fait défaut. — Répondons à ceux-ci qu'à la prochaine occasion, revanche ou autre guerre, nous espérons les voir s'enrôler et combattre avec nous, pour que leurs mirifiques théories soient appuyées d'exemples.

D'autres encore, ceux qui n'ont toujours apprécié, choyé, adulé que le succès, fût-il obtenu par de honteux moyens, ne veulent pas admettre que des vaincus, comme nous le sommes avec tant d'autres, aient pu se conduire honorablement, tomber dignement, et ne mériter ainsi aucun reproche. — « Les Allemands, à la bonne heure! c'en était une armée! c'est chez eux que tout fut admirable! » Mais nous avions, nous autres, tous les défauts et nulles qualités. N'alla-t-on pas jusqu'à nous faire un crime de nos misères et de nos privations! Oui, des Français nous ont appelés avec dédain « soldats en guenilles, meurs de faim, » je ne sais quoi encore, et semblent ajouter que nous méritons tout au plus... le coup de pied de l'âne. — Répondons qu'en effet, ce coup de pied, nous l'attendions de leur part.

Enfin, ceux qui se sont soustraits de manière ou d'autre aux peines et dangers qu'ils auraient dû partager avec nous ; ceux qu'on a vus s'attabler, rire, trinquer, fraterniser avec les ennemis que nous combattions ; ceux qui les renseignaient si bien sur tout ce qu'ils voulaient savoir ; ceux qui gagnaient leur protection, leurs thalers..... mais pas du tout leur estime, par des rapports ou des marchés clandestins plus coupables et honteux que tout le reste ; ceux-là aussi se plaisent à nier ou à déprécier nos services. — On pourrait leur répondre : « Si peu que nous ayons fait, ce fut toujours plus et mieux que vous, sinon pour le salut, au moins pour l'honneur de la France. » Mais bast ! ils ne comprendraient pas. — L'honneur.... qu'est-ce que c'est que ça ? — Donc nous nous contenterons de les mépriser.

Du moins nous, camarades, nous le savons ce que c'est que l'honneur. C'est pour le conserver intact, sans nulle atteinte, qu'au premier appel de la patrie, refoulant toute autre préoccupation, chacun de nous vint répondre aussitôt : « Présent ! » Ce fut ensuite pour l'augmenter, cet honneur, que les uns parmi nous, les plus braves, montraient à l'envi cette hardiesse qui étonna même de vieux guerriers ; que les autres, le grand nombre, restaient solides au poste ou marchaient fermes à l'ennemi, suivant qu'il leur était commandé ; que même nos malingres, nos chétifs, supportaient sans se plaindre des fatigues incroyables jointes à des souffrances inouïes, et que nos plus timides se raidissaient, se cramponnaient au voisin pour affronter les périls sans faiblesse.

N'est-ce pas que c'est bien cela l'honneur ? Faire son devoir toujours et partout, quoi qu'il en coûte, chacun selon sa nature et ses forces, de manière que les honnêtes gens témoins de nos actions puissent dire, et notre conscience avec eux : « C'est bien ; permis à toi de marcher le front haut n'importe où. » Or, Dieu merci, nour pouvons le répéter sans flatterie ou présomption, presque tous parmi nous, de diverses manières et à divers degrés, se sont appliqués à se conduire ainsi de leur mieux sous l'œil des autres : donc presque tous ont mérité de ceux-ci, et d'eux-mêmes intérieurement, ce bon et consolant témoignage.

Une telle campagne, ainsi faite à l'honneur de tous, ne laissera-t-elle des souvenirs et des relations qu'entre moblots voisins, en oubliant les autres ? Espérons que non, chers camarades. Avoir été du même régiment de Seine-et-Marne au siège de Paris, sera un premier motif de ralliement, d'estime réciproque. Mais nous resterons unis de cœur plus étroitement, les frères d'armes du 4e bataillon. Après que, du premier jour au dernier pendant six mois pareils, nous avons constamment vécu, logé, marché, combattu, espéré, souffert ensemble, il est si naturel que nous aimions à nous revoir, à causer entre nous de ce temps-là, à considérer toujours comme une sorte de lien fraternel notre titre d'anciens moblots du bataillon de Provins !

Mais l'honneur acquis, c'est d'autant plus beau, plus méritoire, qu'il en a coûté de plus douloureux sacrifices. Pourrions-nous oublier que beaucoup de pauvres amis, l'acquérant avec moins de chance ou plus de témérité que les autres, y ont trouvé soit la mort immédiate, soit les maladies ou blessures dont ils souffrent encore, soit celles, hélas ! dont ils ne souffrent et ne souffriront plus !

Vous, nos chers malades ou blessés, puissent les cordiales sympathies de tous vos anciens compagnons, et nos consolations, nos souhaits, nos encouragements, notre aide quand besoin sera, contribuer à vous rendre la santé promptement, et le bonheur que vous avez gagné plus que nous, puisque vos peines ont duré plus longtemps.

A eux maintenant, nos chers défunts, que pouvons-nous dire pour exprimer à la fois notre douleur et notre admiration : la douleur de ne plus les compter parmi nous, l'admiration de leur dévoûment patriotique allant jusqu'au trépas? Il me semble qu'eux-mêmes, transfigurés, le front ceint d'une glorieuse auréole, nous parlent ainsi :

« Amis, ne croyez pas que nous sommes

à jamais séparés. Nous n'avons fait que vous précéder dans un autre monde, et nous y sommes plus heureux que vous : tout mal y est inconnu ; tout y est bon, juste et beau ; tout noble désir y trouve satisfaction. Cette autre vie ne nous laisse aucun regret de la première ; donc, gardez notre souvenir, mais ne nous pleurez pas, ne nous plaignez plus.

« Amis, communiquez la même consolation à nos pères, à nos mères, dont les yeux rougis à force de larmes et le cœur saignant de notre perte, vous font tant de peine quand vous les rencontrez. Soyez pour eux compatissants, même lorsque, dans l'égarement de la douleur, ils semblent vous reprocher d'être revenus sans nous. Qu'à vos contenances, à vos respects, à vos discours, à votre conduite en leur présence, ils reconnaissent en vous comme d'autres fils, nos frères, partageant leurs regrets et leur affliction.

« Amis, vous avez dit parfois, songeant à nous : « Ah ! si du moins leur mort avait sauvé la patrie ! » Il dépend de vous, restés militants, que notre sang répandu ne soit pas infécond pour notre chère France, et même la serve mieux que le succès de nos armes. Que vos deuils accumulés vous rendent plus qu'autrefois réfléchis, prévoyants, circonspects, tolérants à l'égard les uns des autres, tous unis dans l'amour du pays ; et notre sacrifice portant ses fruits, vous pourrez conquérir ce qui vaut mieux que des annexions forcées : — La liberté prudente et sage, qui active le progrès, combat l'erreur, ennoblit les caractères, donne l'essor aux esprits, et cela d'autant mieux qu'elle prévient ou réprime toute licence pouvant nuire ; — l'égalité bien entendue, qui permet au travail et à l'ordre, aux talents, aux vertus, au mérite persévérant, de parvenir à tout ce que l'honnête homme peut désirer ; — la fraternité des bons cœurs, qui provoque la générosité du riche envers le pauvre, la protection du puissant pour le faible, la reconnaissance de ceux-ci, et entre tous les concessions, les bons offices, les dévoûments réciproques. — Toutes choses par lesquelles un peuple devient heureux et tranquille chez lui, respecté au dehors...... ou sinon, invincible. »

Merci, chers défunts, de ces derniers conseils à nous, vos compagnons survivants ; ils nous seront précieux comme votre souvenir.

A vous, en échange, notre dernier mot. Ce n'est pas adieu ! mais au revoir ! — Oui, au revoir ! à plus tard, dans ce monde meilleur où s'en iront vous rejoindre ceux qui auront été jusqu'à la fin, comme vous, les fidèles ou les martyrs du devoir accompli !

FIN.

TABLE DES MATIÈRES

Préface..................................... 1

PREMIÈRE PARTIE.
L'ORGANISATION.

I.	— Convocation des cadres............	5
II.	— Les Permissions	11
III.	— La composition de la mobile.......	14
IV.	— Les derniers jours à Provins.......	19
V.	— Longueville......................	24
VI.	— Nangis	28
VII.	— Le 4 septembre...................	35
VIII.	— La grande étape	42
IX.	— L'entrée à Paris	52
X.	— Montrouge.......................	55
XI.	— Les élections....................	60
XII.	— Le collége Rollin	65
XIII.	— Emploi de notre temps depuis notre arrivée à Paris jusqu'à la sortie...	74
XIV.	— Hors l'enceinte...................	78
XV.	— Courbevoie (premier cantonnement).	85
XVI.	— Puteaux. — Le Moulin des Gibets..	98
XVII.	— La caserne.......................	110

DEUXIÈME PARTIE.

LA CAMPAGNE.

I.	— En avant...... marche	119
II.	— La nuit du 28	129
III.	— Partie remise.................	141
IV.	— Le baptême du feu	147
V.	— Le rôle de la division de Bellemare dans la journée du 30 novembre.	159
VI.	— 2 et 3 décembre	166
VII.	— Nogent-sur-Marne	182
VIII.	— L'affaire du Bourget (21 décembre).	190
IX.	— La fin de l'année................	204
X.	— Montreuil...... aux bombes	215
XI.	— La bataille de Montretout, 19 janvier 1871......................	233
XII.	— Après la bataille.................	254
XIII.	— Derniers jours à Paris	264
XIV.	— Chacun chez nous................	272

COULOMMIERS. — Typographie A. MOUSSIN

www.ingramcontent.com/pod-product-compliance
Lightning Source LLC
Chambersburg PA
CBHW070755170426
43200CB00007B/792